ANDRÉ LAVERTUJON

ANCIEN SECRÉTAIRE DU GOUVERNEMENT DE LA DÉFENSE NATIONALE

# GAMBETTA INCONNU

## CINQ MOIS DE LA VIE INTIME

DE

## GAMBETTA

Ouvrage contenant quinze lettres inédites de Léon GAMBETTA
*et la reproduction phototypique de nombreux documents et lettres*
De Jules Favre, Jules Simon, Jules Ferry, Flourens, Rochefort

BORDEAUX

G. GOUNOUILHOU, IMPRIMEUR-ÉDITEUR

9-11, rue Guiraude, 9-11

1905

## DU MÊME AUTEUR :

La Chronique de Sulpice Sévère, texte critique, traduction et commentaire, livre I, précédé de prolégomènes sur Sulpice, ses écrits et son maître Martin de Tours, et suivi de petits essais étudiant la Chronique au point de vue des questions du temps. (Paris, Hachette, 1896.) In-4°.

La Chronique de Sulpice Sévère, texte critique, traduction et commentaire, livre II, précédé de prolégomènes sur l'usurpation de Maxime, sur le procès de Priscillien et sur le rôle de Martin au cours de ces événements, et suivi de petits essais concernant la vie politique, sociale et religieuse aux environs de l'an 400. (Paris, Hachette, 1899.) In-4°.

La Vie de Martin, récit original de Sulpice Sévère, complété par les Trois lettres et les Trois dialogues avec les Sept epistulae apocryphes en appendice; texte revisé avec l'aide des manuscrits de Paris, de Dijon, de Munich et de Vérone. (Bordeaux, Gounouilhou, 1905.) In-4°. [Sur ce t. III dont les deux précédents ne sont que la préparation et qui, lui, est la matière même de l'ouvrage, voir ce qu'on en dit, p. ix et p. 116 de *Gambetta inconnu*.]

Bellérophon vainqueur de la Chimère. (Publication intermittente depuis mai 1900.) (Bordeaux, Gounouilhou, 9 fasc. in-4°.) [Les trois dernières livraisons peuvent être considérées comme un travail à part intitulé : *Le Gouvernement des morts*.]

Petits essais de religion et d'histoire (Paris, 1898-1899.) 3 vol. in-8°.

# LES ÉDITEURS AU LECTEUR

Chaque année, au printemps, c'est notre usage d'aller en famille, sur les bords de la Manche, rendre visite à notre parent M. André Lavertujon, qui, depuis sept ou huit années, a quitté Paris et le Sénat pour la solitude.

La Manche est une mer fort pittoresque. A certains jours elle prend des airs de Méditerranée, tant ses flots sont azurés et limpides. Mais le plus souvent elle est grise, triste, un peu âpre. La haute falaise qu'habite M. André Lavertujon et qui se déroule, entre Onival et Dieppe, avec des ondulations pleines d'harmonie, mais aussi de mélancolie, ne se laisse aborder commodément ni du côté de la terre ni du côté de l'eau. C'est bien vraiment la solitude, celle qui suspend ou diminue toutes relations, sauf les relations épistolaires. Aussi M. André Lavertujon remarque-t-il quelquefois que, s'il a toujours des amis, ce sont, pour la plupart, des amis « subjectifs ». Ils ne l'ont jamais vu et ne le connaissent que par ses livres; ils ne lui sont connus que par leurs lettres et ils ne le verront jamais.

Comme il nous laisse fouiller librement dans sa bibliothèque, dont il ne se sert guère plus, sauf des dictionnaires, et qui est dispersée en diverses chambres, l'un de nous mit, récemment, la main sur des cartons bourrés de vieilles correspondances. A première vue bien rangés et classés, ces papiers présentent, au contraire, un grand désordre, les diverses chemises portant des inscriptions auxquelles leur contenu ne se rapporte presque jamais. Cependant, en les feuilletant à loisir, on devine qu'ils ont été l'objet d'une ou de plusieurs tentatives visant à les régulariser et qui n'ont pas abouti. Cela paraît regrettable, à en juger rien que par le nombre des correspondances et les noms des correspondants. Ceux-ci se rapportent surtout à la politique républicaine : Jules Simon, Jules Favre, Floquet, Arago, Jules

Ferry, Gambetta et vingt autres plus ou moins notoires pendant le dernier quart du XIX<sup>e</sup> siècle [1].

A côté de ces lettres, souvent mêlés et brouillés avec elles, se rencontrent des documents originaux, sans doute provenus de l'époque où M. André Lavertujon, étant secrétaire principal du Gouvernement de la Défense nationale, dut aussi être directeur de l'Officiel et président de la Commission des Tuileries, sa première fonction — du moins est-ce ainsi que les choses se décidèrent — entraînant les deux autres, par suite des responsabilités immédiates et de la nécessité des comptes à rendre jour par jour. Or, ce sont les « découvertes », faites parmi ces diverses liasses, qui ont été le point de départ de notre publication.

Pas un de nous n'était préparé à exécuter sur de tels matériaux un travail de critique soit historique, soit littéraire ; pas un, même le fureteur primitif. Mais son attention avait été vivement éveillée par deux enveloppes en meilleur état : l'une[2] contenant quinze lettres portant la signature Léon Gambetta et qui se suivaient, en formant série ; l'autre[3] composée de manuscrits et de débris de manuscrits de l'écriture de Jules Favre. Il nous fit remarquer qu'il y avait là de quoi établir un petit volume qui contenterait la curiosité du public en général, procurerait une satisfaction aux amis de Gambetta, ensuite, et par surcroît rappellerait le temps où le journal la Gironde, au milieu de périls dont il est à peu près impossible de se faire une idée aujourd'hui, constituait un noyau républicain solide, sérieux et pratique, dans sept départements du Sud-Ouest de la France.

L'idée de publier ces textes, si M. André Lavertujon y consentait, nous séduisit dès l'abord ; et, après la lui avoir fait accepter, nous résolûmes de donner à cette petite entreprise des soins typographiques exceptionnels, et de recourir aux

---

1. Les noms plus littéraires que politiques n'y manquent pas non plus : Michelet, Henri Martin, Michel Chevalier, Tocqueville, Sainte-Beuve, Renan. [Cf. infrà un essai d'énumération méthodique.]

2. Elle était intitulée : 2<sup>e</sup> CAHIER. Quatorze lettres de Gambetta [plus deux lettres annexes, docteur Fieuzal et Jules Simon] copiées en 1897. Deux autres chemises, mais à peu près vides, sont ainsi marquées : 1<sup>er</sup> CAHIER. Vingt-trois lettres (1866-69) plus trois billets de Jules Favre et d'Ernest Picard, explicatifs des sujets traités dans les lettres ; 2<sup>e</sup> CAHIER. Dix-huit lettres et billets (fin 1869-70), plus un billet de Meissonier. Ce cahier contient plus de lettres sur la peinture, la sculpture et le bric-à-brac que sur la politique.

3. Sa suscription était : DOSSIER D'AUTOGRAPHES DE JULES FAVRE ; puis, au coin de l'enveloppe, en petits caractères : Papiers à restituer à M. le Directeur de l'Officiel.

ressources que fournit la photographie pour assurer l'authenticité de textes dignes d'être conservés. Ce serait notre façon, à nous, de prendre part à la solennelle inauguration du monument qu'une grande souscription nationale vient d'élever à Gambetta.

Non qu'il s'agisse, à nos yeux, d'ajouter une apologie à tant d'autres apologies, un panégyrique à tant d'autres panégyriques. En nous livrant ses manuscrits et en se chargeant d'y adjoindre les annotations indispensables, M. André Lavertujon s'est défendu de participer à rien de pareil. Il ne se croit pas en situation, il n'a, d'ailleurs, pas le désir de porter des jugements. Contribuer à ce que Léon Gambetta soit mieux et plus complètement connu, c'est tout ce qu'il peut et tout ce qu'il veut faire. Et cela nous suffisait pleinement, Gambetta étant de ceux qui grandissent à mesure qu'on les connait davantage. Quelle apologie, quel panégyrique pourrait supporter la comparaison avec nos quinze lettres, où l'on surprend le jeune tribun pensant, rêvant, dogmatisant, libre de toute entrave, dans une intimité tellement étroite qu'on voit clairement qu'il ne retient rien et ne dissimule rien, tantôt ardent et fougueux, tantôt attristé et abattu, louant, blâmant, raillant, fouaillant avec ce degré d'entrain, d'ouverture et d'abandon que la confiance affectueuse, entière, illimitée, qui unissait alors les deux correspondants, pouvait seule permettre? Aussi avons-nous intitulé notre volume : Gambetta inconnu.

\* \*

A ce propos, M. André Lavertujon nous a dit : « Votre titre paraîtra prétentieux; il sent son charlatanisme romantique. Mais, si vous voulez suivre mes conseils, il ne faudra pas longtemps pour qu'il soit estimé simplement exact par le lecteur de sens rassis, qui cherchera dans ces pages non des révélations à fracas, mais des textes sincères et rares, des détails réels d'existence intime et, aussi, quelques faits qui n'ont jamais été mentionnés nulle part. Seulement, comme ces faits, ces détails, ces textes se rapportent exclusivement à l'époque où Gambetta, arrivé d'hier à une notoriété qui déjà ressemblait à de la renommée, n'était pourtant pas encore pleinement entré dans la vie publique, — de juin-juillet 1869 jusqu'en octobre de la même année, — on pourrait les caractériser en y voyant ce que Gœthe appelait *les années d'apprentissage*. Votre titre a, d'ailleurs, un autre mérite, à mes yeux du moins.

» Vous avez relevé, dites-vous, dans le tas de mes vieilles correspondances, des indices d'intention de régler et d'utiliser ce fatras. Vous ne vous êtes pas trompés. J'ai voulu faire cela; je le veux encore; je crois que j'y suis obligé. Mais vous connaissez bien un peu, vous qui mettez si généreusement vos imprimeries à ma disposition, la cause de mes ajournements.

» Il est difficile d'accorder tout leur prix aux choses contemporaines quand on s'est laissé prendre à fond par les choses du passé, étudiées en vue de l'avenir le plus proche. Tel est mon cas. Je ne crains pas de l'avouer. Même je m'en vante. Je vis surtout et avant tout avec Martin de Tours, vers la fin du quatrième siècle, en même temps qu'avec Auguste Comte, vers la fin du siècle vingtième, époque où je voudrais croire que se produira le triomphe de la synthèse subjective régénérée. Ce contact continu avec nos très anciens prédécesseurs et avec nos très proches successeurs ne me lasse pas, au contraire, étant passionnément occupé de montrer que Martin annonce et préfigure la doctrine de Comte sous un de ses aspects les plus pénétrants, la prédominance de la sympathie; tandis que, par sa prodigieuse philosophie de l'histoire et par son incomparable théorie de notre nature morale, Comte a, seul, pu donner leur signification positive aux héros du régime affectif dont Martin, comme soldat, comme moine et comme évêque, fut le type tout à fait original et supérieur. Cependant, au sein de cette besogne qui m'entraîne et qui m'absorbe, je n'oubliai jamais qu'étant détenteur d'informations sur une partie ignorée de la carrière d'un homme vénéré et chéri par de braves cœurs, je devrais, un jour ou l'autre, les leur communiquer : on aime tant à connaître chaque détail de la vie d'un homme qui a pesé sur nos destinées générales!

» Je ne suis pas du tout enclin à exagérer les détails biographiques. La vogue exorbitante dont le journalisme les entoure me semble plutôt puérile. N'en déplaise à Pascal, à Voltaire et à M. Scribe, l'histoire par anecdotes est ce qu'il y a de plus futile au monde parce qu'elle attribue aux influences individuelles une valeur modificatrice qu'elles n'eurent jamais, fût-ce dans les cas les plus caractérisés. Aujourd'hui elle ne peut plaire qu'à ceux qui ne savent pas ce que c'est que la vraie histoire, la science sacrée, conçue comme une biographie de l'Humanité [1]. Mais il ne s'ensuit pas que telles anecdotes n'aient point quelquefois leur mérite, selon le temps et selon le lieu, spécialement quand elles concourent à raviver l'immémorial et salubre usage de commémorer les êtres d'élite dont l'existence a profité au genre humain. Misérable est la nation qui ne sait pas se souvenir de ses saints! Les lettres que vous publiez atteindront, je crois, ce but. Du même coup, elles seront une introduction utile au travail plus développé dont vous avez constaté l'ébauche. Je le mènerai à bonne fin si le Ciel me prête vie. Mais, pour qu'il s'appareille et fasse suite au volume actuel, il vous faut rendre plus exact et plus précis le titre choisi par vous : *Gambetta inconnu*, en l'accompagnant de ces deux sous-titres : *Cinq mois de la vie intime de Léon Gambetta; première partie*. Les quinze lettres, en effet, ne représentent qu'une fraction des jours que j'ai passés avec Gambetta dans un quasi-tête-à-tête. Avant d'être écrites — du 7 août au 15 octobre 1869 — un séjour à Ems, où se trouvait alors le roi [plus tard empereur] Guillaume, les avait précédées. Leur lecture serait évidemment malaisée si quelques indications sur cette période n'étaient produites au préalable. Je vous les fournirai très abrégées, mais suffisantes. Et c'est ainsi que se trouvera constituée en deux sections distinctes, l'une résumée, l'autre explicite, la « première partie » des cinq mois de la vie intime de Léon Gambetta.

» Viennent ensuite deux autres périodes plus profondément ignorées que les précédentes.

» La première, consacrée à un voyage, à petites journées

---

1. Je fais cette simple remarque : c'est qu'actuellement l'étude de la préhistoire dépasse en intérêt sociologique toutes les autres études historiques. Cela ne fait pas doute pour quiconque est au courant de ces hautes questions. Or, pendant l'immesurable nombre d'années qu'occupe cette phase de l'évolution humaine, on ne possède pas plus de noms d'hommes que de noms de peuples, de races, ni même de pays.

de malade, à travers la Suisse, presque aussitôt après la déclaration de guerre (15 juillet 1870), voyage d'abord coupé par un séjour chez le financier Dubochet, au château des Crêtes; ensuite précipitamment interrompu sur la nouvelle de la défaite de Reichshoffen.

» La seconde, caractérisée par ce fait que Gambetta, prévoyant qu'il allait être envahi à son domicile de la rue de Matignon, et soucieux de ménager la liberté de ses mouvements, voulut descendre chez moi, rue Halévy, 8. Il allait y occuper un petit appartement, situé en réalité rue Meyerbeer[1], qu'il connaissait bien et que j'avais organisé en guise de refuge contre cette catégorie de visiteurs pour qui il n'existe ni portes ni consignes. Ce fut dans ce logis à double issue que nous descendîmes le 7 août 1870. L'entrée par la rue Meyerbeer ne fut connue de personne, ou à peu près. Les visiteurs, parents, amis, collègues, journalistes durent passer par la rue Halévy, c'est-à-dire s'adresser à moi pour obtenir la faveur de voir mon hôte : une faveur qu'il refusait presque toujours. Je me sens glacer rien qu'en faisant de mémoire le compte des animosités, des rancunes, des haines que cette combinaison attira sur ma tête. Chaque matin, M<sup>lle</sup> Massabie, la *tata*, arrivait le tablier relevé, gonflé des lettres et dépêches parvenues rue de Matignon. — « Où est Léon? » Je devais répondre : « Il est occupé. » Alors cette excellente personne, qui m'avait tant choyé aux déjeuners du dimanche de la rue Bonaparte, me transperçait de regards empoisonnés, persuadée que je séquestrais méchamment son neveu. Spuller aussi, qui régulièrement « venait à l'ordre » et devait, trois fois sur quatre, se contenter de ma conversation, s'en retournait convaincu que mon dessein était de l'humilier. Quoi qu'il en soit, le 4 septembre, vers midi, heure fixée pour la séance de la Chambre, Léon Gambetta et moi nous quittâmes ensemble la rue Halévy, où nous ne devions rentrer le soir ni l'un ni l'autre; car il coucha au ministère de l'Intérieur et moi à l'Hôtel-de-Ville.

---

1. Le numéro 8 de la rue Halévy et le numéro 7 de la rue Meyerbeer appartenaient à M. Dubochet. Quoique propriétaire strict et méticuleux, M. Dubochet, qui me portait beaucoup d'amitié, avait autorisé son architecte à pratiquer à mon profit une communication secrète entre les deux maisons.

» Ici prennent fin les « cinq mois de vie intime » où je puis servir de témoin exceptionnel. En achevant d'en dresser le compte, je rappelle que, sauf allusion incidente, les deux dernières périodes, voyage en Suisse et séjour rue Halévy, ne m'occuperont d'une manière suivie et détaillée qu'après que j'aurai suffisamment rempli d'autres engagements[1]. »

*
* *

*Le présent volume est la mise en œuvre initiale et partielle du plan qui vient d'être indiqué comme correspondant à la réalité de notre titre. Le lecteur verra pourtant que nous y avons ajouté quelques documents autographes, tirés soit des diverses liasses de correspondances, soit du « dossier Jules Favre », mentionné plus haut (p. IV). Ils nous ont paru mériter d'être reproduits sous leur physionomie d'origine, d'autant que les paquets d'où ils proviennent ont été évidemment fort dilapidés, et qu'ils finiront par disparaître tout à fait si on n'y met ordre. Sur ce point, M. André Lavertujon nous a dit :*

« Faites comme vous l'estimerez utile. Je serais ici mauvais juge. Il est certain seulement que, par accident, qu'il s'agisse de feuillets égarés ou pour toute autre cause, le

---

[1]. Pour mes cinq ou six fidèles, qui ont bien droit que je pense à eux, je marque avec précision en quoi consistent ces engagements. L'ouvrage dont j'ai publié les deux premiers volumes en 1897 et en 1901 attend son tome III. Le dit tome III n'est pas arrêté par le manque, mais par l'abondance de la « copie ». Il a déjà atteint le chiffre de 400 et quelques pages [imprimées et tirées depuis quatre ans], et si je livrais à l'impression tous les manuscrits qui sont prêts, il arriverait au chiffre inacceptable de 1,500 pages. C'est la conséquence d'une distribution de textes mal aménagée et trop longue à expliquer. En sacrifiant beaucoup de bonne besogne, j'ai eu un mal infini à trouver un biais qui remédie à cet engorgement, et grâce auquel mon tome III pourra n'avoir que 550 à 600 pages, à condition de s'appeler *Fascicule premier*. Seulement, pour que ce fascicule présente essentiellement la substance de tous les autres, qui suivront ou ne suivront pas, il a fallu jeter au panier mes anciens prolégomènes en leur substituant une introduction qui ne devra pas dépasser 150 pages. Mais, comme il s'y agit de l'extermination définitive du miracle, ce cauchemar de toute spéculation sincère et sérieuse non positive, — du miracle, attaqué par Strauss, Renan et autres philosophes de même école, d'une si étrange façon qu'au moment où ils crient qu'ils l'ont mis à bas, ils se trouvent l'avoir ressuscité et consolidé, — la tâche à remplir était bien lourde pour un conscrit tel que moi. Aussi, ai-je dû la recommencer à plusieurs fois, sans réussir à me contenter tout à fait. Aujourd'hui, je crois que mes 150 pages vont bientôt être rendues présentables. Ce ne sera point sans doute l'achèvement de mon ouvrage. Mais il se tiendra debout; et il pourra tellement quellement remplir son office, même si le temps me manquait pour le pousser jusqu'à sa vraie fin. *Valete, amici cari.*

stock de ces pièces, comme aussi celui des lettres, a subi des fuites et des diminutions. Ce que vous en publierez sera autant de sauvé. Il y a là, d'ailleurs, une question de dépense qui ne regarde que vous. Votre choix une fois fait, je déciderai si les pièces admises exigent de ma part un commentaire. Ce ne sont que des curiosités, le *schéma* d'un discours de Gambetta, par exemple. Mais il y en a de vénérables : le récit de la visite à Ferrières; les proclamations au peuple de Paris après le refus de l'armistice et à la veille de la bataille de Buzenval. En conservant, grâce à son impeccable minutie, les ratures, les retouches, les phrases et les mots ajoutés ou retranchés, la photographie pénétrera, en quelque sorte, jusqu'aux émotions les plus intimes de celui ou de ceux qui écrivaient sous le poids de la fatalité accablante et dans l'angoisse des événements. Or, ressouvenez-vous : ces événements, c'était la France conduite à l'abîme par le dictateur stupide qu'elle s'était très stupidement donné en la personne de Louis Bonaparte, et y tombant dans des circonstances si effroyables qu'elles semblaient devoir amener à coup sûr la mort même de la nation. »

.˙.

*Un dernier mot. Le lecteur que ces lettres intéresseraient assez pour lui donner envie d'en saisir les points obscurs fera bien de jeter un coup d'œil préalable sur l'exposé sommaire (cf. p. 47) des faits qui en précédèrent immédiatement la rédaction. Il trouvera de plus, à la même place, de quoi suppléer les notules sous-paginales dont nous n'avons pas voulu balafrer un texte typographique soigné avec amour.*

# LES QUINZE LETTRES

## LÉON GAMBETTA A ANDRÉ LAVERTUJON

# LES QUINZE LETTRES

## LÉON GAMBETTA A ANDRÉ LAVERTUJON

### Lettre I

Sans lieu ni date.
[*Ems, vers le 10 août 1869.*]

Mon cher ami,

J'ai reçu tes deux lettres, la dernière à l'instant même, comme tu le verras par l'heure de ton courrier, et je ne veux pas te laisser plus longtemps sans réponse. Je suis tout à fait mal depuis que tu es parti. On dirait que mon génie tutélaire s'est envolé! Il fait froid, il pleut le jour et la nuit, je grelotte et je tousse à me rompre le thorax. J'ai télégraphié à Fieuzal de venir, Busch me paraît avoir perdu son latin et la tête; après m'avoir conseillé de rester, il se repent et me dit de partir en toute hâte. De fait, j'y suis tout disposé, car le temps est affreux. Donc, j'espère que ma première lettre te dira que j'ai levé l'ancre. Où irai-je? voilà la question. Il me semble bien raide d'aller immédiatement en Suisse, où le vent ne manque point et où les raisins sont encore trop verts.

Je verrai bien, avec Fieuzal, si l'Italie m'est tout à fait fermée; sauf à revenir en fin septembre vendanger aux

Crêtes. Il y a surtout, raisins ou non, intérêt capital à faire la station, et je n'y manquerai pas.

Ce que j'avais prévu pour l'affaire menée par Poujardhieu se réalise de point en point. X... est un fort habile homme, trop habile, ayant déjà fait faillite et tout à fait décrié ! Je ne pense point qu'il soit de grande ressource à une affaire de publicité, surtout dans les conditions de sévérité politique que nous voudrions imposer à ton nouvel organe.

Plus que jamais, les temps sont propices ; mais ce n'est point le manifeste de Ferry, que je n'ai pas lu, qui peut m'être un argument. J'ai vu la réponse de Nefftzer ; elle me paraît trop allemande. Ferry n'a pu me procurer son article. J'ai lu une réponse qu'il a envoyée au *Temps*, depuis qu'il est ici. Je ne la trouve ni bonne ni mauvaise, et je crois qu'il a tort d'écrire si souvent. Mais le diable y est et je perds tous mes droits.

Je ne crois pas qu'il faille s'alarmer sur l'incident judiciaire de Bordeaux. Nous aurons raison en temps et lieu de cet embarras, mais il faut bravement retourner à ses meneurs.

Je n'ai pas écrit à Guérin ; je le ferai demain matin, sans faute. J'ai passé ces deux derniers jours en véritable et continuelle crise. Je n'avais jamais pareillement souffert. Compte sur moi pour demain. Je te serre la main et t'assure de ma *parfaite régularité*.

*Tibi toto corde.*

L. GAMBETTA.

# Lettre II

*Ems, ce 12 août 1869.*
Après 5 h. 1/2.

Mon vieux, je reçois à l'instant une lettre de Carpentier pour toi. Il te croit encore ici. Je te la retourne, vas-y.

Mon très cher ami,

J'ai lu et relu ta lettre, j'y ai réfléchi aussi complètement que je l'ai pu; et voici mon opinion *actuelle*, car je n'ose la donner encore pour définitive.

Il résulte de ton rapport : 1° qu'il n'y a pas de capital encore formé; que, sauf X..., dont je nie la consistance financière, le sieur X... ne fait connaître personne, et dans trois jours tu ne seras pas plus avancé; 2° les chances heureuses de l'*Opinion nationale* ont tout à fait disparu, et tu as fort bien rétorqué ton homme sur ce sujet. Mais je dirai, à titre de commentaire, que je n'aime pas bien l'étalage de X... à cet égard, pour une affaire de tout autre nature; il y a là une manœuvre dont la vulgaire habileté me déplaît et ne me rassure pas. 3° Tu as eu tort de parler du concours possible que tu pourrais trouver dans un ami aussi discret que riche. Tu as livré une partie de ton jeu et peut-être fourni à X... un moyen véreux de tirer promesse d'autrui, — outre que je crois qu'il aurait fallu le pousser plus loin que ces 400,000 francs. — Je note, d'ailleurs, qu'il n'avait pas commencé l'entretien avec cette opinion qu'on pouvait réclamer

400,000 fr.; il croyait à un capital bien moindre. C'est sur ta pression, sur tes objections que X... a avancé ce chiffre et il n'a pas tardé à se découvrir des capitalistes en nombre suffisant pour garantir la somme. Cela sent le mensonge d'une lieue.

La manière dont il s'est gendarmé à l'idée d'entrer en participation avec une autre commandite, et aussi la manière assez brusque dont il s'est apaisé, me donnent la certitude que c'est un aventurier qui cherche une affaire, dont la durée sera ce qu'elle pourra, mais qui le fasse vivre et grappiller quelque temps. Résumé : aucune confiance, se faire supplier, dire qu'on veut 600,000 francs au bas mot, *les voir et les toucher*, faire une *charte inviolable* et ne céder qu'à prix d'or. Sinon, non.

Voilà pour le moment l'état de mon esprit, mais je ne le présente pas comme immuable. En effet, un coquin peut trouver un diamant et X... une bonne affaire que nous nous chargerions de rendre et de maintenir honnête. S'il venait à produire l'argent, un véritable contingent en monnaie, présent au drapeau, je demanderais à réfléchir et à modifier mes opinions.

Tu ne peux, d'ailleurs, me laisser longtemps sans nouvelles instructions, auxquelles je me hâterai de répondre.

Je partirai probablement samedi, je tousse toujours, car le temps est devenu horrible, et je brûle de partir pour le Sud. Je te télégraphierai adresse. La lettre pour Guérin est partie, il te la montrera. Je crois y avoir tout mis.

Je t'embrasse.

Léon GAMBETTA.

Bonjour à Montagut.

# Lettre III

E F

Mon cher Lavertujon,

Je vous prie d'excuser le retard que j'ai mis à vous écrire après vous avoir promis de vous donner des nouvelles dès mon arrivée. Nous n'avons fait que camper depuis que j'ai examiné notre ami; aujourd'hui et hier à Wiesbaden, ce soir à Francfort, — puis à Heidelberg, — Bâle et Lausanne... L'examen que j'ai fait a été très satisfaisant; et, d'après ce qu'on constate aujourd'hui, on a les plus sérieuses raisons d'espérer une guérison complète. Tout ce qu'on observe localement disparaîtra d'ici quelques mois. Je ne crois pas qu'il puisse risquer le retour à Paris à l'entrée de l'hiver; et, cependant, j'espère beaucoup du repos à Vevey ou Montreux, qui sera un séjour où Gambetta aura peu d'entraînement et où il pourra observer à peu près le silence relatif qu'on lui demande. Il est très possible qu'après la cure de raisins son état local soit tout à fait modifié et qu'il soit guéri. Car il n'y a que de la bronchite chronique et la respiration se fait d'une manière à peu près suffisante dans tous les points où, depuis quelques mois, elle ne se faisait plus du tout. Il y a donc lieu d'être très satisfait du séjour à Ems, surtout s'il en était parti en même temps que vous.

Il y a encore une toux parfois très pénible, mais cela est inévitable. L'état général est bon, les fonctions digestives se font très bien; et, de tout cela, on doit vous rapporter une bonne part, car vous avez été pour lui, dans les moments vraiment difficiles, un garde-malade comme on n'en saurait désirer de meilleur. Je vous en sais un gré infini, et je m'en veux d'avoir attendu plusieurs jours à vous donner des nouvelles qui, étant bonnes, auraient dû vous être arrivées plus tôt. Pardonnez-moi ce retard, et croyez, je vous prie, à mes meilleurs sentiments.

Bien à vous.

FIEUZAL.

Ferry et Proust nous quittent demain pour se rendre à Paris.

*Wiesbaden, 16 août.*

[A la suite de la lettre de Fieuzal.]

Mon cher vieux,

Je ne t'ai pas écrit ces jours-ci à cause des déplacements; aussitôt fixé, je t'adresserai de plus amples réflexions. Outre que probablement je trouverai à Genève, poste restante, des lettres de toi; j'ai, en effet, laissé cette adresse à Ems.

Je vais, d'ailleurs, beaucoup mieux et suis tout à fait ravi de flâner un peu. Du reste, j'irai faire une station aux Crêtes, mais pas encore. J'attendrai les raisins et la présence de M. D... Je compte sur une bonne lettre de toi. Je te charge de dire bonjour aux amis.

Tout à toi.

L. GAMBETTA.

# Lettre IV

*Villeneuve, ce 30 août 1869.*

Mon cher ami,

Ce n'est qu'hier au soir, après quinze longues journées de pérégrinations et de fatigues à travers les provinces rhénanes et la Suisse allemande, que j'ai enfin trouvé une station qui me promet du repos pour quelque temps et que j'ai pu envoyer chercher à Genève, par le docteur Ficuzal, le paquet de lettres qui devait y être accumulé.

Dans la liasse, j'ai immédiatement trié tes quatre lettres et, dès ce matin, je m'empresse, sans être aucunement fixé sur les courriers de France, de te répondre pour ce qui me paraît le plus urgent.

Je ne te parlerai point pour le quart d'heure du projet de journal. Quelle que soit à ce sujet ma complète adhésion à toutes tes idées et même à ta légitime impatience, je n'ai encore rien à te dire de sérieux à cet égard. Je préfère causer avec toi de ton élection que je persiste, quoique de loin, à ne pas croire aussi compromise que tu m'en menaces. Le terrain qu'a pu gagner Arago n'est pas garni de canons et de mitrailleuses, et il faut aller l'en déloger au plus vite. Pour bien faire, il ne faut pas s'absenter de si tôt! Il ne me paraît pas utile d'aller à Lausanne, au contraire. La conférence organisée pour toi à Saint-Denis doit être décisive. Il faut frapper un coup d'éclat, et, pour ce faire, je crois qu'il y a une démonstration catégorique à fournir des trois points suivants :

L'État, une fois démocratiquement organisé, a le devoir strict de mettre le citoyen en compétence d'exercer ses droits et ses facultés. C'est une des trois ou quatre grandes obligations sociales. Il ne faut pas, par excès de réaction contre le despotisme administratif des monarchies déchues et des deux régimes bonapartistes, aller jusqu'à la suppression de l'idée d'État, de gouvernement social, initiateur et protecteur.

Exposer et définir les attributions de l'État, au sujet de l'éducation.

Le suffrage universel a transformé la théorie gouvernementale aussi bien au point de vue des devoirs que des droits de l'exécutif.

En tout pays où l'éducation n'est pas obligatoire, résultat nul ou très médiocre. Tellement qu'elle est devenue une charge exigée des États et des communes en Amérique, et des paroisses et des comtés en Angleterre. Les pays où la liberté individuelle est la plus grande, la théorie de la centralisation tout à fait en défaveur, n'en ont pas moins compris qu'il n'y a d'efficace en matière d'éducation populaire, large, féconde et durable, que l'obligation qui implique la gratuité.

Ce que doit être cette éducation ?

R. Absolument civile et laïque.

Ce que doivent être les instituteurs ?

R. Laïques et, autant que possible, étrangers au célibat, etc.

Tout ce que j'indique là t'est certainement déjà familier, mais j'expose un ordre plutôt que des idées.

Enfin, je crois avoir un argument spécial et personnel que je te livre parce que tu es moi-même. Afin de rendre tout à fait évidente l'énorme faillite, l'immorale banqueroute de l'État envers le peuple privé d'éducation, j'ai l'intention de chercher et de dresser un tableau comparatif de l'accroissement annuel, depuis 1802 jusqu'à ce jour, des contributions et taxes indirectes et de consommation toutes payées par le peuple — il forme plus des deux tiers du budget; — et de la part que l'État affecte, depuis cette date, à l'instruction de ces mêmes contribuables et producteurs d'impôt; de telle sorte qu'il en résulte : que plus le peuple donne et verse à l'État, moins il reçoit et plus sa servitude devient lourde et invincible. Quelques chiffres, que tu peux trouver dans les premiers livres de statistique venus, doivent donner à la preuve son côté arithmétique, et je la crois du meilleur effet sur ton auditoire.

Je te demande pardon de prendre ce ton de cuistre avec toi, mais c'est que je voudrais tant un grand succès, qu'il me semble que tu pourras cueillir quelque bonne inspiration dans tout ce verbiage.

En résumé : l'idée maîtresse de ton discours me semble devoir être : 1° Quelle est l'étendue de l'obligation inéluctable du prochain gouvernement démocratique en matière d'éducation et d'instruction ? — 2° Quels sont les voies et moyens ? L'application et le prélèvement des taxes de consommation, *de celles qui seront conservées*, spécialement affectées aux dépenses (150 millions) d'instruction publique. — 3° Conclure en prouvant rapidement que cette réforme, pour être féconde et durable en ses effets, est liée à la refonte même de l'organisation *politique*.

— Et le Président ?

Je le dis avec d'autant plus d'aisance que Jules est mon grand ami; mais c'est pour toi un très mauvais président. Il te faut Henri Martin, ou Vacherot, ou Michelet, ou Pelletan, — ou même André ROUSSELLE, qui est vice-président après Carnot, ou JOURDAN, ou, enfin, à défaut de tout ceci, un CHEF OUVRIER Cartigny ou un autre : le président, par exemple, d'une association ouvrière de la circonscription. Ce dernier président, bien amené et dont le caractère spécial serait par toi nettement indiqué dans l'exorde de ta conférence, me semble du meilleur effet. Mais Ferry, jamais. — Il n'a pas assez d'action sur le populo.

J'écrirai demain sans faute à Carpentier. Tiens-moi au courant de ce qui se passe et se passera à ton sujet.

Simon m'a écrit au sujet de sa revue, j'ai accepté sous condition, en faisant des objections graves sur le capital, les organisateurs et le secrétaire de la rédaction; d'ailleurs, pour qu'il n'y ait rien d'obscur entre nous, je t'envoie sa lettre.

Il ruse, mais il faudra qu'il marche. Au fond il le désire, il l'ambitionne, mais il est au carrefour du chemin, et il y a beaucoup de brume sur les deux routes. Il se recueille et il se dérobe. Mais vienne le soleil, et mon homme courra aux premiers rangs; au moins, j'y compte; car il a trop d'esprit pour ne pas sentir qu'il est grand temps de devenir audacieux.

J'allais clore ma lettre sans te dire que j'ai rencontré le jour même de mon arrivée M. Dubochet sur la grand'route. Causerie. Invitation. J'ai été forcé de refuser. Je ne pouvais monter ainsi aux Crêtes, avec mon docteur, et éflanqué, un mois avant les raisins. J'irai en visiteur ces jours-ci. — J'ai écrit à Madame X... Je t'écrirai après l'avoir vue. Je cherche toujours une installation définitive, je suis pour le moment à l'hôtel Byron, Villeneuve, canton de Vaud, où tu m'adresseras tes prochaines épîtres.

Je te remercie encore une fois de tes bonnes lettres. Je te souhaite le succès, et je t'embrasse comme je t'aime, de tout cœur.

L. GAMBETTA.

P.-S. — Et X...??? depuis les 250 mille.

## Annexe a la Lettre IV

Lettre de Jules Simon à Gambetta.

*Ostende, le 12 août.*

Oui, cher ami, Ostende où je suis venu chercher un peu de repos, beaucoup d'air de la mer, et, par suite, un peu de force. Lavertujon m'écrit que vous allez mieux et qu'il jurerait que vous êtes guéri, s'il pouvait répondre de votre sagesse. Il dit de plus que vous êtes à Ems jusqu'au 20. J'espère que vous irez de là dans le Midi, et dans un midi où l'on se tait, non pas à Paris. Magnin prétend savoir que nous serons convoqués pour le 25 octobre. Au surplus, je serai à Paris lundi (16 août) et je tâcherai de trouver Schneider, pour être renseigné à cet égard, si tant est qu'on puisse être renseigné.

Je me suis occupé de la *Revue* dont je vous ai parlé. Nous la dirigerions à cinq : vous, Bancel, Ferry, Pelletan et moi. Tous ont accepté. Une revue ne nous donnera pas de longtemps une influence politique; mais elle pourra nous donner sur-le-champ une influence littéraire. Comme avantage pécuniaire, elle nous rapportera modestement quarante francs de jeton de présence, quand nous serons présents, soit 160 francs par mois; plus le paiement de nos articles à 200 francs la feuille; plus la moitié des bénéfices nets, à partager entre nous cinq. J'avais dit un mot de Lavertujon, mais l'éditeur ne s'en soucie pas; il s'en tient à nous cinq. Il a en caisse cent mille francs dont nous ne paierons pas l'intérêt, le bailleur spéculant sur les bénéfices. Il a, *en outre*, le cautionnement.

J'ai cherché un titre. Je n'ai trouvé que ceci :

*LA LIBERTÉ TOTALE*
Revue de la politique, du travail, de la littérature et des arts.

J'aurais voulu vous proposer Georges Perin pour secrétaire de la rédaction. Il est libre; c'était une trouvaille. Malheureusement, Le Chevalier a un M. Portalis auquel il tient, parce que c'est par lui qu'il a eu les fonds.

Il faudrait un article de chacun de nous dans le premier numéro. Envoyez-moi à Paris les sujets qui vous conviendraient; mettez-en plusieurs, pour le cas où l'un d'eux serait pris. Donnez-moi aussi un titre, si vous en avez un meilleur, et des indications de sujets d'articles pour les autres; et d'écrivains à qui on pourrait s'adresser. Il faut, à mon avis, tenir la dragée haute : nous avons des amis intimes à repousser, ce qui sera le plus difficile et le plus indispensable de notre tâche.

Je ne vous parle pas de politique. Mon plus grand désir est de former un petit centre d'amis intimes, adoptant une opinion entre cinq ou six, la faisant prévaloir dans la réunion officielle de la gauche, si possible, et, dans le cas contraire, agissant tout seul. Sans cela, nous tomberons dans la compromission du tiers-parti avancé et dans celle de l'union libérale. Mais mieux vaut causer qu'écrire.

Écrivez-moi, cependant, si vous ne devez pas traverser Paris prochainement. Car je n'y serai que huit jours, du 16 au 25. Adressez la lettre place de la Madeleine, 10.

A vous de cœur.

Jules Simon.

Je sais que vous correspondez habituellement avec Ferry. Nous nous entendrons par son intermédiaire, mais pour cette première fois, écrivez-moi directement.

# Lettre V

Ceci est mon adresse :
Pension Bonport-sous-Montreux, c^{on} de Vaud.

*Ce 5 septembre 1869.*

Mon cher ami,

Mon odyssée vient à peine d'atteindre son dernier chapitre. Aux dernières postes, je me croyais fixé ! Mais le diable s'en est mêlé, et j'ai été derechef forcé de courir la campagne à la recherche d'une résidence. Celle de Villeneuve, en effet, était intolérable. De la brume toute la journée, l'appareil irritant d'un grand hôtel anglais et des prix, des prix égyptiens, à faire croire que c'est l'âme de Busiris qui dirige l'exploitation de l'hôtel et des étrangers.

Ces longues gloses pour t'expliquer mon silence et te dire les journées perdues, les fatigues prises à errer sur les bords du lac de Genève comme sur ceux du Styx. Enfin, me voici au bout de mes travaux, et, je crois, installé définitivement dans un site magnifique, tout à fait en bourgeois. J'attends Laurier qui doit venir passer un mois avec moi ; il a déjà envoyé sa famille entière en avant.

Tu penses bien qu'à travers ces tribulations je n'ai pu monter aux Crêtes, et je suis presque honteux de mon retard et du silence que j'ai gardé. Demain lundi, à midi de relevée, je pratiquerai l'ascension de ce magnifique castel et je t'écrirai le soir. Une fois rendu sur les lieux, j'expliquerai mieux de vive voix qu'en vingt courriers les causes innombrables de mon apparente impertinence. Toutes ces complications n'empêchent point que je reçoive à l'instant de toi deux bonnes lettres auxquelles je vais sérieusement répondre.

D'abord je suis enchanté de toi. Te voilà remis en selle et tout friand de lutte. Très bien. Multiplie les réunions, même les très petites, elles ont une importance considérable, elles se répercutent mieux, plus intimement, plus profondément. Elles ont un bien autre avantage : c'est de pouvoir tout dire, de pouvoir susciter les objections sans irriter les amours-propres. J'en ai beaucoup usé, *surtout avec les électeurs de la nuance modérée;* elles m'ont toujours procuré d'énormes résultats. En outre, on peut travailler et agir constamment et à toute heure, et étendre démesurément son cercle d'action. Les grosses réunions sont bonnes pour tenir de loin en loin le public en éveil, mais elles ne doivent être que les solennités de l'action électorale. C'est à la pratique quotidienne des petites conventions, des conciliabules qu'il faut demander l'influence grandissante du prosélytisme.

Autre sujet. Quand je t'ai mandé ma répugnance à voir Jules présider ta grande réunion, je ne te savais point aussi engagé avec lui que me l'annonce ta dernière lettre. Tu as commis une faute en le prenant, mais tu en commettrais une plus grande encore en lui notifiant un refus. C'est impossible. Il n'y a pas à y songer puisque vous avez pris rendez-vous. Il faut le subir et chercher à le doubler, à le corroborer, sous forme de bureau, par deux assesseurs émérites. Ce n'est pas qu'il m'eût coûté de lui écrire de ne pas accepter la présidence; mais je suis sûr qu'il naîtrait de cet incident une véritable animosité contre nous deux, qu'il me semble tout à fait inutile et même dangereux de provoquer.

Tu me parles de l'approche des élections partielles. J'y crois pour le mois de novembre, pas avant. Je persiste à penser à une dissolution probable, et cette persistance vient chez moi de l'attitude de Jérôme au Sénat. Je n'ai point encore lu ce discours *princeps;* mais les appréciations qu'on en fait ici de tous côtés m'impressionnent vivement et désagréablement à la fois.

J'espère recevoir mon *Officiel* demain et pouvoir te communiquer les impressions que m'aura causées sa lecture. Je suis déjà fort inquiété par les ouï-dire, mais je réserve mes appréciations jusqu'à plus ample informé.

Envoie-moi un mot sur ce qu'on en dit à Paris, et surtout dans la région des *parlementaires*.

*Quid* des candidatures des anciens proscrits? — Fais bref si tu veux, mais que tes notes télégraphiques soient complètes.

Pour ton discours, je t'engage à aller chez Lacroix, à la librairie internationale, tu demanderas l'ouvrage de M. Émile de Laveleye sur l'instruction primaire dans les divers pays du monde, réunion d'articles parus dans la revue de Buloz. C'est ce que je connais de plus exact et de plus neuf sur la matière. Deux heures de cette fréquentation te mettront hors de pair. *Macte animo.*

Donc à demain, j'irai voir Mad. X... et, si possible, ton lingot d'or, qui me fait déjà l'effet d'un décevant mirage. Ah! mon cher André, il faut patienter, nous avons besoin d'acquérir encore plus de crédit et de notoriété conservatrice pour trouver le demi-million nécessaire à lancer notre journal. Mais sois sûr qu'avec des écumeurs de mer comme X..., ou des linottes comme X..., ou des peseurs d'or comme le Dub. peint de frais par Holbein, nous ne mettrons pas au monde la plus légère feuille politique. Et cependant, quelle urgente nécessité!

Et que dis-tu de la lettre de Simon? Un mot aussi à ce sujet.

Je t'embrasse, et te promets de bien me soigner.

Léon GAMBETTA.

Bonjour aux amis.

# Lettre VI

*Montreux, ce 8 septembre 1869.*

Mio carissimo,

A l'heure où tu recevras ma lettre, tu auras sans doute vu M. Dubochet, et dès lors tu seras fixé sur le nouveau sort de ton ami. C'est égal, voilà deux jours que je t'ai faussé compagnie, et je reprends mon entretien :

Je n'ai pas entretenu longtemps M. Dubochet, mais voici au juste ce qui en est, et comme disposition actuelle et comme tendance ultérieure.

A l'heure qu'il est, M. D... n'a rien de précis dans la tête et il est impossible de lui rien présenter de sérieux, car rien de plus vague et peut-être de plus fictif que tes hypothèses actuelles. Néanmoins, il rumine le projet et trouve ton idée très opportune; ce sont ses propres expressions. Il a de toi et de ton talent de publiciste une très haute et j'ajoute une très légitime opinion. Il m'a apporté les deux articles de la *Gironde* du 4 et du 5 sur la situation, et m'a manifesté de l'enthousiasme. Il parle vaguement d'un chiffre de 100 mille francs s'il y avait des garanties, des capitaux, enfin une véritable affaire.

Je crois lui avoir parlé comme il convenait, et je vais te transcrire nettement mon langage.

1° Il faut créer ce journal.

2° Ce peut être une AFFAIRE excellente si elle est bien montée.

3° *Elle n'existe pas*, ce qui m'a gagné sa confiance.

4° Il faut LA CRÉER.

5° Pour ce, dresser un programme, indiquer la nature des idées et DES HOMMES.

6° Chercher 5 capitalistes à 100 mille francs par tête.

7° Et si on les trouve, et il faut les trouver, alors on peut sérieusement discuter avec M. Dub., lui démontrer que l'affaire est bonne, qu'elle est assise, qu'elle peut partir, qu'elle doit arriver, et que, dès lors, ce n'est pas une part, un sixième qu'il lui convient de prendre, mais bien une situation maîtresse et dominante, et le décider, par raison pratique, à tripler, à quadrupler son apport.

Je ne crois pas qu'en dehors de cette marche il y ait rien d'efficace ou de pratique. C'est donc à chercher un premier noyau sérieux et consistant qu'il faut s'attacher. Mais il faut du temps, de la patience, et de l'habileté, et par-dessus tout de la chance ! Néanmoins, on peut réaliser toutes ces qualités, et cet hiver peut nous apporter ce cadeau de Noël.

Jusque-là, il faut ménager l'homme, l'entretenir du projet, mais on ne gagnera sa confiance, on n'excitera sa générosité qu'en lui répétant à satiété qu'on veut créer avant tout une affaire solide, une affaire-affaire.

*Dixi.* Je suis très las, à demain le reste de mes impressions.

Je t'embrasse.

Léon GAMBETTA.

# Lettre VII

*Bonport-sous-Montreux, ce 9 septembre 1869.*

Mon cher ami,

Hier je t'ai écrit une trop brève lettre pour pouvoir exprimer clairement ma pensée au sujet de l'affaire du journal et des dispositions dont M. Dub. m'avait paru animé. Je reviens sur cet intéressant sujet et je vais tâcher d'être clair et précis, sans être trop alarmant. Je crains, en effet, que ma lettre ait eu un peu trop le caractère pessimiste.

Voici ma formule : M. Dub. veut faire quelque chose ; pour le moment ce quelque chose flotte dans son esprit aux environs de cent mille francs. Évidemment ce n'est pas là une commandite sérieuse, importante, en rapport ni avec sa situation de fortune, ni (j'en suis sûr depuis que je l'ai vu) avec le bien qu'il pense de toi et qu'il voudrait te faire. J'ai donc la *certitude* que si on pouvait lui offrir la discussion d'une entreprise bien conçue et déjà parée de quelques capitalistes, on l'amènerait promptement à de bien plus larges mesures. Donc, sans précipitation, il convient de lui dire qu'on va chercher à grouper ces éléments de succès, et qu'on le tiendra au courant de tout ; et alors je crois qu'avec de l'activité on peut, en quelques mois, réaliser les premiers éléments de l'affaire.

Je ne sais quelle impression fera sur ton esprit ma manière de raisonner et d'envisager notre affaire. Mais je compte sur ta réflexion et ton naturel bon sens pour, en quelque temps, te voir arriver à partager mon opinion. D'ailleurs, tu peux consulter Montagut à ce sujet, et je serais bien étonné s'il ne confirmait mes appréciations. Je devine très bien d'ici les impatiences que tu ressens, et je comprends que tu redoutes de voir s'évanouir une des meilleures chances de succès : l'opportunité. Mais il faut subir la fatalité, et puis crois-le bien : il y a une place à prendre; c'est vrai, c'est juste, c'est urgent, et tu l'as bien senti quand tu as poursuivi l'idée de ton journal; mais sois assuré que la place ne sera pas prise, et que, faute d'idées autant que faute d'argent, le terrain sera libre encore pendant longtemps.

Et maintenant, aux préoccupations du jour. Je suis de plus en plus satisfait et ragaillardi par les détails que tu me donnes sur tes réunions. Marche ferme, et si on te pose souvent la question : que feriez-vous si??... efforce-toi, après avoir établi le droit de la nation à toujours disposer de son gouvernement, de tracer uniformément le programme d'action du pouvoir qui sortirait de l'énergie nationale. Rendre aux diverses parties du pays (communes et départements) toutes les attributions dont on les a dépouillées depuis 89; mettre l'exécutif dans un comité choisi par l'Assemblée immédiatement nommée au suffrage universel, par scrutin de liste, etc. — Il ne faut pas laisser passer une semblable question sans y répondre d'abondance, et avec des formules.

On verra tout de suite qu'on a devant soi un homme de gouvernement *(rarissima avis in nostris terris)*.

Je ne crois pas Bonaparte aussi malade qu'on le fait. Les boursiers tripotent sans être très alarmés, et lui joue *un peu* au Sixte-Quint. Il est affecté, peut-être condamné, mais il durera encore trois ans, et il le faut.

Comment le discours de Jérôme ne t'a pas plus ému?... et il n'a point fait sensation à Paris?... Ou je perds le sens, ou Paris est incompréhensible. Je crois que c'est le programme du 19 janvier 1867. Tout cela est voulu et concerté. Nous passerons encore par cette étape, et ce sera la dernière. C'est un avant-coureur pompeusement envoyé pour préparer les voies. C'est le manifeste de la régence et de la majorité du petit ; c'est la future politique pour dans un an ou deux. Mais à cette époque, elle sera stérile. Appliquée aujourd'hui, elle serait peut-être de nature à apaiser bien des gens, et c'est pour cela qu'elle était dangereuse. Mais mal accueillie par les réactionnaires du dedans et du dehors, dédaignée et inécoutée des politiques libéraux, ce n'est qu'un ballon d'essai. Il est mal parti, j'en conviens ; mais il faudrait se servir de la tentative, relever les propositions du prince, ses contradictions, *ses aveux* surtout, ses inquiétudes, ses repentirs, et partir de là pour juger la famille Bonaparte actuelle, ses tendances et ses ressources. Tout cela peut se faire vertement, sans approbation, en se servant du discours contre le prince et contre son cousin. Il se trouve là-dedans des mots précieux sur le sentiment qu'ont les Napoléons de leur chute imminente. Ne pouvant plus mater la Révolution, ils voudraient l'épouser et l'exploiter. Tout est à dire à ce sujet.

En somme, tout ce grand mouvement de réformes n'aboutit qu'à ébranler plus profondément l'établissement impérial. On met en discussion les plébiscites, les lois ; on a troublé les amis, alarmé les conservateurs, irrité les séides, aliéné les favoris ; on n'a pas calmé les rancunes, on n'a désarmé ni un parti, ni une secte. Il y a eu huit jours de coquetterie avec les orléanistes, mais les républicains, les légitimistes, les socialistes et *tutti quanti* se sont reculés d'une longueur de plus. Où est le bénéfice ? Il ne saurait être dans ces discussions du pouvoir actuel dont [on] a ainsi jugé les origines, mesuré l'existence et annoncé la disparition. Il faut résumer tout cela, et conclure. J'attends un article pareil, tout à fait dans l'ordre de ceux que tu as mis dans la *Gironde* sur la situation, et tu me l'enverras sans doute.

Je te serai obligé en même temps de m'envoyer les articles de Sainte-Beuve dans le *Temps* et le dernier numéro de la *Revue Positive* de Littré.

Avant-hier je suis allé visiter cette excellente M^me X... en son château des Crêtes. C'est merveilleux, on se croirait à Anet ou au Petit Fontainebleau, avec une sublimité de paysage que la France ne recèle nulle part. J'ai tout visité et je suis ravi. C'est tout à la fois très élégant et très simple, la sobriété parfaite dans la justesse et la grâce. Nous avons, comme tu penses, beaucoup causé : quatre heures de suite, et je n'étais en rien fatigué. Je te dirai dans ma prochaine lettre les passages de la conversation qui te touchent. Aujourd'hui il s'agit de borner ce flux de paperasserie.

J'ai reçu ce matin un mot de toi relatif à une conversation de Laurier devant Poujardhieu et Cernuschi. Laurier est encore à Paris jusqu'à vendredi; il demeure 17, rue Joubert. Il sera ici samedi. Je tirerai ton affaire au clair, et nous serons fixés; *a priori* je n'y crois qu'à moitié.

Je t'embrasse. *Scribe et valeas.*

L. GAMBETTA.

# Lettre VIII

*Ce mercredi matin.*

Cher ami,

J'ai reçu avant-hier soir ta lettre, et hier j'ai vu Ferry, qui reviendra dîner avec moi ce soir, et de la bouche duquel j'ai eu les meilleures nouvelles de la conférence de Saint-Denis. Bravo ! continue vigoureusement et nous enfoncerons le bêlant Arago.

Je ne te griffonne ces quelques lignes à la hâte que pour te donner les plus mauvaises nouvelles de cette excellente M<sup>me</sup> X... Hier au matin (mardi), elle a été prise d'une violente crise d'entrailles, elle a été au plus mal. On a vite mandé les médecins : je suis monté la visiter immédiatement. Je n'ai pu la voir ; les médecins avaient interdit toute visite. Mais la journée a été meilleure et la crise paraît passée, d'après les renseignements qui m'ont été donnés sur place.

Je dois recevoir des nouvelles tout à l'heure et j'irai en prendre dans l'après-midi, mais j'ai voulu te prévenir par le courrier.

Écris-moi. Je t'embrasse.

Léon Gambetta.

# Lettre IX

*Bonport-sous-Montreux.*

Mon cher ami,

Ce matin je t'ai mandé une lettre assez peu digne d'ailleurs de ce nom. C'était un griffonnage précipité pour te donner quelques nouvelles touchant Mad. X... A l'heure même, j'en reçois de tout à fait rassurantes, et je me hâte de t'en faire part. Elle garde encore le lit aujourd'hui, mais elle est beaucoup mieux, et comme demain elle se lèvera, je pourrai aller lui faire visite.

Je t'écrirai en descendant des Crêtes. Je vais passer à nos affaires.

Je tourne et retourne dans ma tête l'affaire du jugement, et je persiste à croire qu'il n'y a encore rien de public et d'officiel à tenter. Seulement il faut avoir toujours sur toi les pièces justificatives et les exhiber. Au moment même ou à la veille des élections nous nous expliquerons publiquement s'il y a lieu, et il y aura lieu, car évidemment la polémique électorale s'emparera de cette arme contre ta candidature.

En cette prévision, il serait bon de joindre à tes deux pièces justificatives le témoignage de quelques personnes présentes à l'audience et confirmant pleinement le démenti que tu as donné au texte du jugement. Cette certification me paraît impérieusement réclamée par les soins de ta défense, et quoique je n'aie qu'en médiocre estime tes compagnons bordelais, je ne pense pas qu'ils te refusent une attestation qui, d'ailleurs, ne leur fait courir aucune espèce de péril ni même d'ennui.

Je sais aussi que le principal argument dirigé contre ta candidature parisienne sera de répéter sur tous les tons que tu es un candidat évincé de province, mais qui n'a aucun titre à disputer à des Parisiens résidants l'arène électorale. A cela, il est bon de faire répondre déjà par les correspondances de journaux, ici, là et ailleurs. Ton ami P. Véron peut être fort utile à cette nécessaire besogne. Il faut expliquer sans y toucher tes titres qui sont nombreux, et le principal le voici : c'est que tu as sauvé et donné à la démocratie un des plus beaux départements de France; c'est là un service éclatant, de premier ordre. Au moment même où le parti, dans la personne de ses plus notoires individualités, où la France s'abandonnait, toi tu ne t'abandonnais point; loin de là même. Tu allais chez l'ennemi disputer un terrain de combat et finalement conquérir la position. Pendant ce temps, ton concurrent consultait l'ombre de son père, qui lui refusait de prêter serment et d'agir. Aujourd'hui que les fruits sont mûrs, l'ombre est mise où devraient toujours rester les ombres, dans l'oubli, et celui qui ne fut point au travail veut être à la moisson. Enfin, malgré qu'il s'agisse de te dire des choses agréables, tu vois et tu entends bien tout ce que comporte encore un tel sujet. Bien fait, bien mené, surtout dans un article d'*ensemble* sur les élections et non à propos d'une seule circonscription, cela ferait le meilleur effet. Mais un tel coup ne doit pas être encore frappé. On doit le préparer de longue main par des insinuations et des allusions, jusqu'à l'heure opportune où il faudra tout dire et tout écrire.

Je te vois merveilleusement animé, je te sens vibrer d'ici; je me trouve réconforté moi-même par tant d'énergie, et j'ambitionne de devenir ton second. Car tu sais que désormais je te regarde comme mon nécessaire compagnon d'armes.

J'ai interrogé Laurier sur la prétendue conversation

de Jules Favre. Il m'a dit qu'elle était vraie, mais avec hésitation. Entre nous, et je ne me trompe jamais sur ce point, je ne le crois pas. Avis au lecteur.

D'ailleurs, Laurier m'a vivement affirmé tes droits et tes mérites à la succession de Simon. Tant mieux s'il est sincère, et, s'il ne l'est pas, tant pis, car il reste condamné à toujours tenir le même langage sur ton compte. D'ailleurs, je le crois sincère en cette occasion, car il déteste violemment Arago et toute la dynastie. Emmanuel lui est particulièrement odieux.

Tout ceci pour te prouver ce que je suis à ton sujet et ne te rien laisser ignorer.

Tiens-moi toujours au courant de tes succès. Use surtout beaucoup des petites réunions, et compte que tu es le véritable favori de la fortune sur les trois rivaux en présence.

Je pense que tu t'es calmé au sujet du journal; je t'avais écrit à ce sujet deux lettres assez méditées, dont tu ne m'as pas dit un traître mot? Je ne te tiens pas quitte.

Ce soir, je reçois ici la visite de quelques camarades égarés au congrès de Lausanne; ceci pour t'avertir de bien écouter les vents qui viendront de Suisse : on va parler de toi. Mais je suis là.

Je t'embrasse; je vais un peu mieux, mais pas de forces.

L. GAMBETTA.

# Lettre X

*Ce 20 septembre.*

Mon cher ami,

J'ai en main trois lettres de toi auxquelles je ne ferai qu'une réponse d'ensemble, j'en suis ravi. Je suis tout à fait rassuré sur l'issue de la lutte dans laquelle tu es entré. J'ai reçu de Simon, qui est à Naples, une bonne qui, si elle était tout à fait achevée, serait excellente. *Il prévoit*, à propos de notre affaire, le cas où tu seras élu. Je te marque cette appréciation, convaincu qu'elle te fera prendre patience et te procurera quelque plaisir venant d'un animal aussi évasif et qui, pour comble, voyage avec Hérold en laisse.

Je me sens tous les jours un peu mieux, et si je pouvais rentrer avec de véritables forces, je ne désespérerais point de le forcer à une bonne conduite. Mais tout cela dépend de la clémence du ciel, qui depuis quelques jours se conduit fort mal; ce qui ne laisse pas de me mettre assez mal en cas. Ajoute à ceci, que j'ai été accablé de visites des congressistes de Lausanne qui, n'ayant pu m'entraîner à leur congrès, ont pris le parti de venir en tenir un dans ma chambre. Ce n'était ni le moins curieux ni le moins sensé des deux. Mais je suis très satisfait de m'être abstenu d'aller à Lausanne, pour une foule de raisons politiques et médicales. J'aurais bien désiré que ni Ferry ni Laurier n'y missent les pieds. Tu te réjouiras avant peu de n'y être pas venu. A ce propos, je voudrais bien savoir pourquoi ce mouton noir de Pessart me range parmi les orateurs de Lausanne?

Je ne te conseillerai pas la même abstention au sujet du banquet du 22 septembre. Ma lettre arrivera trop tard, mais je compte sur ton instinct habituel pour être sûr de ta présence à cette manifestation.

Je t'écris à bâtons rompus, mais c'est pour moi la meilleure manière de ne rien oublier. En ce qui touche l'affaire du jugement, je te prie de m'envoyer les pièces, c'est-à-dire les copies, les *dates* surtout, puis je réfléchirai s'il y a un moyen avantageux de tout éteindre et de confondre les adversaires.

Je n'ai pas reçu la *Tribune*. Je t'engage à m'envoyer un autre exemplaire si tu en as encore un.

S'il paraît quelque chose de nouveau, j'accepte avec reconnaissance ton offre d'envoi. Sinon, je préfère tes lettres qui sont ma plus délicieuse récréation. Aussi écris-moi souvent, comme tu le fais.

Je t'embrasse.

L. GAMBETTA.

# Lettre XI

*Ce 26 septembre 1869.*

Mon cher ami,

Tu dois trouver que je te néglige singulièrement, et rien n'est plus vrai. Mais j'ai reçu ici la visite de Magnin et Spuller et de mon ami La... Je suis donc un peu absorbé et je ne trouve plus le temps de t'écrire. Ce n'est là que du provisoire. Magnin est déjà reparti pour aller aux noces de la fille de Dorian, où il doit se rencontrer avec Pelletan et Simon. Mes deux autres me laisseront un peu plus souffler et déjà je commence à me libérer à ton égard.

Je ne répondrai pas à toutes les idées soulevées et remuées par tes nombreuses lettres que j'ai laissées sans réponse. Cela me serait difficile, car je ne garde pas les lettres et, d'ailleurs, j'en ai conservé une suffisante mémoire pour m'expliquer sur le principal.

Tout d'abord, je te trouve mal impressionné par la politique courante. Tu crois trop facilement aux nouvelles; ces bruits de coup d'État sont périodiques; ils se reproduiront fatalement à chaque crise grave du gouvernement actuel. C'est la trace de son origine que chacun retrouve à l'heure du danger. De là à l'exécution, je ne dis pas au succès, mais simplement à la tentative, il y a loin. Il y a si loin que, pour ma part, je suis convaincu qu'on n'y pense pas à Saint-Cloud, et que ce sont les prétendus *sans peur* des divers partis qui accréditent ces belles inventions. Toujours est-il que ces alarmes, justes ou non, servent à diagnostiquer la situation. Il me semble clair qu'il n'y a pas plus de personnel pour l'insurrection légitime que pour le gouvernement qui devrait en sortir. Il faut être bien fixé sur ce point, afin de ne pas se laisser entraîner ni décourager. Il faut refaire les cadres de notre parti; la nécessité devient chaque jour plus impérieuse, plus pressante. Mais j'ai très bon espoir, un grand espoir; les prochaines élections de Paris seront décisives à cet égard, et, sans aucun doute, il en sortira un chef, j'en suis sûr.

Quant à toi, ce n'est point le moment de te laisser envahir ni par le dégoût ni par l'ennui. Tu n'en as pas le droit; il faut secouer toute cette mélancolie. J'espère pouvoir venir bientôt te donner un coup de main, je veux être à la rentrée du Corps législatif, et le peu de temps qu'on m'accordera te sera consacré.

Quant à la date rendez-vous 26 octobre, je suis bien tranquille : le gouvernement nous délivrera lui-même, car il convoquera. Dans tous les cas, je ne trouve rien de plus sot que la publicité donnée par M. Kératry à sa proposition. On prépare ces actes-là, on les accomplit au jour dit sans avoir prévenu l'adversaire. Mais, qui sait si ce n'est pas une manœuvre pour empêcher une pareille conduite? Est-ce que tu réponds de Kératry, toi? Je ne t'y engage point. Dans tous les cas, voici mon opinion sur la question. Le coup projeté par Kératry est désormais raté. Il faut trouver autre chose; mais cette autre chose doit sortir des entrailles mêmes de la situation. Donc il ne faut rien annoncer d'avance et se réserver pour l'heure même. Un homme d'action en politique ne mérite ce nom que lorsqu'il trouve et fait prendre une décision à l'instant même où le conflit se produit. En dehors de cette règle de conduite, tout est puéril.

En ce qui touche l'affaire de ton jugement, je crois qu'il faut encore attendre de la bonne chance une favorable occasion de vider à fond cet ennuyeux (et non pas épineux) incident. Je te promets une forte intervention au moment précis.

C'est bien juste, je ne te parle pas assez de M^me X... mais cela tient à ce qu'on ne peut point la voir et que les renseignements des domestiques sont fort obscurs. Aussitôt que j'aurai été admis, je te donnerai tous les tristes détails que ton amitié réclame et redoute.

J'attends des détails sur ton capitaliste imprévu. Évidemment, le besoin de ce journal flotte dans l'atmosphère. On en sent la nécessité, car il n'existe pas un seul organe sérieux, sincère, complet, savant, de nos principes. Tout cela est bien. Qui fera l'affaire? Nous, avec de la patience. En attendant, tiens-toi ferme, travaille tes électeurs, la victoire est le prix du plus actif, et Arago, près de toi, n'est qu'un clampin.

Je t'embrasse, et te dis : dans un mois.

*Tuus tibi toto corde.*

L. GAMBETTA.

# Lettre XII

*Bon-Port, ce 1er octobre 1869.*

Mon cher ami,

Me voici de nouveau retombé dans la solitude ; mes amis sont partis, et j'ai toutes les heures, qui s'écoulent lentement, pour songer au présent si triste et si agité, à l'avenir si menaçant. Je commence à me ressentir de mon absence trop prolongée loin de Paris ; et je sais au surplus combien l'absence, en politique surtout, est le plus grand des maux. Si j'avais été sur les lieux, l'affaire Kératry serait restée ce qu'elle était en réalité : une provocation sans portée et une tentative suspecte.

Mais la sottise professionnelle de nos amis a, comme d'habitude, tout gâté en voulant tout amplifier et tout grandir, même l'incurable bassesse.

Oui, je me plais à croire que si j'avais été là, ceci ne fût pas advenu, et cette pensée avive tous mes regrets et toutes mes impatiences. D'ailleurs, en dépit des adhésions des uns et des reproches des autres, je ne veux en rien me mêler de cette affaire. Tout le monde sait qu'il n'y a, au demeurant, nul péril à courir, nulle rencontre sérieuse à essuyer. On se donne l'air bien ridicule en voulant paraître *crâne*, par promesse préalable, en disant par la voix des journaux : « Le 26, j'étonnerai le monde par mon courage. »

Où en sommes-nous et où allons-nous, si le premier aventurier venu du Mexique ou d'ailleurs peut détourner assez l'attention et le bon sens public pour créer des conflits avec des phrases? — Mais, je me trompe, le bon sens et la virilité ne sont pas de ce côté-là; et je suis convaincu qu'il suffirait de parler un peu haut à ce sujet pour trouver de l'écho en France. La gauche veut-elle le faire? Je l'ignore et n'en prendrai pas, d'ailleurs, plus de souci. On a parlé d'adresse du peuple de Paris à ses représentants; pour ma part, je n'ai rien reçu, et si je recevais quelque pièce de cette nature, j'en profiterais pour déterminer une fois pour toutes la différence qui existe, dans le mandat, entre les principes et l'action.

Il faut proclamer bien haut qu'on est asservi aux idées et aux doctrines du suffrage universel; mais il faut déclarer non moins énergiquement que l'action est œuvre de jugement individuel, dont le mérite et l'efficacité procèdent uniquement de l'indépendance du député. Sa volonté seule est en jeu. Toute autre volonté se substituant à la sienne en fait sur l'heure un lâche ou une dupe, presque toujours les deux ensemble.

J'indique par ainsi seulement le fond des choses; mais sur la forme que d'observations et d'arguments à produire, sur la dynastie, le serment et la constitution. Je te fais grâce de tous ces détails. Tu en devines l'ordre et l'enchaînement. Je veux simplement te prouver combien j'ai réfléchi à la situation. Je suis prêt à répondre; je suis surtout résolu à m'abstenir et à donner les motifs décisifs de cette détermination. — Les choses en arriveront-elles à ce point? — *Chi lo sa?* Dans un pays où personne ne peut prévoir sans folie ce qui se passera d'heure en heure, rien n'est plus creux et décevant que l'art des pronostics.

Néanmoins je conjecture toujours que le Pouvoir se rendra aux désirs et au devoir, et qu'il convoquera. Il est vrai que l'argument de texte est en sa faveur et que le procureur Duvergier voudra peut-être, pour l'amour de l'exégèse, risquer la partie. Enfin qui vivra verra. — Si tu vois quelques députés de nos amis, Bancel ou Ferry, je t'autorise à leur communiquer mon opinion sur la proposition Kératry; et s'ils veulent faire un acte collectif quelconque, ils peuvent toujours compter sur moi. — Mais je pense qu'il n'y a rien à faire. Cependant, si la bêtise publique s'en mêle et que l'incident grossisse au point de devenir une menace, il faudrait aviser, et, pour ma part, je propose de rédiger cinq à six lignes dans lesquelles on dirait : 1° pourquoi on n'a pas adhéré à la proposition Kératry; et 2° où on prendrait rendez-vous. Vois et écris. — Je suis très satisfait que Simon ait la même manière de voir. Tu ne me dis pas comment tu l'as trouvé relativement à tes intérêts électoraux. Je tiendrais à le savoir. Tu n'as pas à te préoccuper du bavardage des journaux sur nos relations. Tant mieux. Je ne cache pas mes ardentes sympathies, et tu sais bien que l'état de ma santé s'oppose seul à ce que mon rôle reste platonique.

Je crois que le papier de la *Réforme* peut te servir, s'il *y a secret* ABSOLU. Mais prends bien garde, c'est la plus difficile des vertus à Paris que le secret, et du jour où tu es soupçonné, tu perds tout crédit sur ton lecteur. Outre que probablement tu as semé le chemin de belles et florissantes rancunes. Le parti est très affriolant, mais il faut bien s'assurer de la discrétion, du mutisme des complices avant de se risquer. Sinon... non!

La publicité de la *Réforme* doit être faible, son tirage n'augmentera guère, même en période électorale. Si tes articles sont très bien faits, je sais bien qu'ils feront vite un grand effet, mais c'est alors que le secret sera difficile à tenir. Enfin, je me résume (car je ne voudrais pas tout à fait te décourager en si délicate matière), il ne faut écrire là-dedans qu'à la condition de n'être pas deviné. Est-ce possible? Toi seul peux bien résoudre la question.

J'ai besoin que tu m'envoyes la dernière revue *Contemporaine* et tes articles dans ton nouveau journal [*La*

*Tribune*]. J'ai été tout à fait enchanté de ton fier article sur les bruits de coup d'État. C'était parfait de ton et de tour, avec la véritable couleur. Le défi même, qui pourrait n'être pas tout à fait politique, était bien amené. Il ne faut défier que si on est en mesure de répondre victorieusement à l'adversaire qui relève le gant. Est-ce notre cas? — Je le voudrais. Je ne le crois pas.

Aussi bien, je pense que tu feras bien de surveiller ta langue, et de ne pas outrepasser en paroles la portée de tes désirs intimes. L'observation de l'ouvrier du fg Antoine sur le succès de Simon est très fondée. Tu peux être aussi radical, aussi net, aussi concluant que pas un, sans te laisser aller aux rodomontades d'Arago, Vallès et Gent. Tu as une circonscription à tempérament lent et flegmatique. Il faut l'animer sans la surexciter, sans l'effrayer. C'est dans cette méthode de discussion et de langage, d'ailleurs tout à fait conforme à ton tempérament, que tu dois certainement trouver le succès, si tu ne le tiens déjà.

Je devrais, en terminant, te donner des nouvelles de Mad. X... Elle sont un peu meilleures. J'ai vu hier et avant-hier M. Dubochet. Je suis enchanté de lui, ravi, et j'espère que nous en ferons quelque chose. Quant aux femmes, Mad. X... et Mad. X..., en vérité, si j'avais envie de rire, je t'enverrais le compte rendu de mes impressions de voyage autour de ces deux sensibles personnes, qu'on dirait évadées de la Salpêtrière. Mais je n'ai pas l'humeur gaie aujourd'hui. Ce sera pour une autre fois. Je t'embrasse.

Léon GAMBETTA.

# Lettre XIII

*Ce 2 octobre 69.*

Mon cher André,

Ta lettre d'hier soir m'a porté un rude coup. J'ai changer mes résolutions au sujet de l'incident Kératr Tu sais ce que je pense de cette affaire; je comme sciemment une faute politique, et voici les motifs décisi qui me la font commettre. Évidemment, d'après ce qu tu m'écris et le ton des journaux, et l'attitude des éle teurs, Paris verrait, avec un grand sentiment de déce tion, que les députés de la gauche s'enveloppassent plu longtemps de silence. — S'il n'y avait pas des élection imminentes à faire à Paris, je subirais ce contre-temps mais il faut bien envisager la situation. Si je ne boug pas, si je n'écris rien, je perds toute influence électorale Je connais mon personnel. Je resterai sans action a moment décisif. Je ne veux de ce résultat à aucun prix Je veux tâcher d'avoir le plus de chances possible pou la période électorale à mettre au service de mes amis. Dominé par cette considération qui, à mes yeux, l'emporte sur toute autre, je me suis décidé à envoyer une lettre à l'*Avenir* et au *Réveil;* une lettre brusque, mais où je prends l'offensive des mains de Kératry, dont je marque en passant les amphibologies dynastiques. Je l'ai expédiée hier dans la nuit. — J'en suis très tourmenté, quoique la lettre ait surtout un ton gaillard et décidé; pour toi qui sais le tréfonds de ma pensée, tu dois juger ce que cette maudite lettre m'a coûté.

Mais il faut prendre le temps comme il vient. Je ne pouvais pas me laisser dépasser à Paris ; il faut, pour toi comme pour Laurier et probablement pour un troisième, que je sois compté pour quelque chose. En somme, cela ne compromet que ma réputation de modéré, et je saurai bien faire une reprise.

Je ne t'envoie pas le texte, tu le trouveras dans le journal, si tu ne l'as déjà. Je te prie de remarquer le silence dans lequel je tiens la constitution ; je tire tout du suffrage universel.

C'est en effet à satiété qu'il faut invoquer le principe du suffrage universel. Si nous savons faire la théorie complète du suffrage universel, des droits et des institutions qui en découlent, nous aurons promptement conquis l'attention des politiques, en donnant toujours au peuple une note qu'il aime. La Politique du suffrage universel, voilà le titre de notre programme et de notre parti.

Par là nous nous débarrassons des anciens qui ne comprennent goutte à cette nouveauté, et nous présentons au pays une base sans pareille pour l'ordre et la liberté.

Je vais probablement rentrer sous deux semaines, je t'exposerai à longs traits ce que j'ose appeler mes doctrines, et nous pourrons faire toute la campagne électorale sur ces données. A bientôt.

Il faut me répondre avec ta ponctualité habituelle et au fur et à mesure m'expédier les journaux qui attaqueront ma lettre.

Nul ne sait mieux que moi ce qu'il y a à lui reprocher, mais le vin est tiré, il faut le boire, et j'ai une rude soif.

Je t'embrasse.

L. GAMBETTA.

# Lettre XIV

*Vendredi, ce 8 octobre 69.*

Mon cher ami,

Voilà deux et même trois lettres de toi que je laiss sans réponse; il est vrai que sauf la dernière, fort impor tante, je ne crois pas que les deux premières fussen autre chose qu'une preuve irrécusable de tes nombreuse occupations. Mais voilà que je me permets des critique au lieu de te remercier chaudement de l'empressemen et de l'ampleur que tu mets tous les soirs à m'envoyer les journaux.

J'ai lu et relu avec la plus grande attention ta lettre d'hier, datée de la rue Halévy 6 octobre, et, pour le dire en passant, je ne peux t'envoyer, excepté par le télégraphe, la réponse pour le vendredi matin 8 courant. Donc, ceci dit, je vais essayer de mettre de l'ordre dans mes idées.

Tout d'abord j'approuve sans réserves le projet d'article que tu esquisses pour le prochain numéro de la *Tribune* sur l'affaire Kératry. Partir de là pour réclamer l'organisation d'un gouvernement d'opinion, c'est à la fois urgent et pratique. C'est mon idée depuis longtemps, et les crises répétées que nous traversons et que nous allons subir encore pendant longtemps, finiront par l'engendrer nécessairement. Aussi j'admets dans le même ordre d'idées une convocation et une prompte réunion des membres de la gauche à Paris, dans laquelle on abordera définitivement cette classification. Il faut enfin prendre l'hégémonie morale et politique du suffrage universel. Aussi, dans ce but, je me propose de rentrer très promptement. Tu seras d'ailleurs le premier averti.

Je ne pense pas cependant que cette réunion nous débarrasse des difficultés pendantes. Personnellement, je suis engagé à plus que cela; et je suis d'autant plus résolu à faire un acte, que je me suis déterminé par des motifs et des raisons exceptionnels. Tu sais ce que je veux dire.

Est-ce à dire que je voudrais jouer le jeu de la police, fournir au pouvoir une occasion de répression violente? Non. Le moment n'est venu ni de faire appel à la force ni d'essuyer ses coups pour atteindre un but supérieur.

D'autre part, n'y a-t-il rien à faire à cette date, devenue fatidique, du 26 octobre?

Je pense énergiquement que les députés doivent agir. Comment, et sous quelle forme, après quelle manifestation *préalable?* Voilà la question.

Comme tu le penses, j'y réfléchis jour et nuit, et j'espère t'expédier, d'ici à trois jours, une note ou mémoire à soumettre à mes collègues — et à l'opinion (s'il y a lieu) — relatif à ces divers modes d'action.

De tous les embarras du jour, celui qui me préoccupe le plus, tu ne le dirais guère, ce sont les candidats absurdes. Je redoute qu'ils veuillent se servir du 26 et en faire une réclame électorale, et il faut les prévenir.

Mais je t'en prie, tu dois sentir combien je suis préoccupé, inquiet, loin de Paris et des signes qui pourraient m'éclairer. Tu sais que je me suis déterminé sur les impressions que tu me donnais de l'opinion, il faut les noter. Elles doivent être assez contradictoires et très changeantes. Mais c'est encore un indice suffisant quand il est relevé par un observateur aussi éclairé et impartial que toi.

C'est égal, tout ceci est fort irritant; et quelle admirable entreprise délaissent Jules Favre ou Jules Simo[n] en ne voulant point fortement se placer à la tête d[u] parti; en refusant de donner une direction à toutes c[es] énergies de la foule qui s'exaspèrent et s'énervent dan[s] la dispersion, la rivalité ou l'isolement.

Les vrais coupables dans tout ceci sont ceux que l[e] hasard, ou le talent, ou la faveur populaire avaient dési[g]nés comme chefs et qui, soit dédain, soit couardise, n[e] savent ni commander ni obéir.

Écris-moi toujours.
*Tuus tibi.*

L. GAMBETTA.

Je serai bientôt à Paris, et nous y viderons ensemble la question des candidatures pour la *Réforme*.

---

# Lettre XV

*Dimanche au soir, pour
Lundi matin 11 octobre 69.*

Mon cher ami,

Je t'envoie mon ultimatum. Je ne suis pas sans inquiétude sur la pierre de scandale qu'il va jeter parmi nous; mais tu entends bien que je ne peux pas jouer au Kératry et changer d'opinion tous les quarts d'heure. Tu sais tout, tu dois tout garder pour toi. Je crains bien que tu aies trop causé avec Ferry dont la lettre me semble révéler tout mon secret. N'importe, je suis résolu à ne pas me démentir, et maintenant que le Brestois n'en est plus, je trouve la situation plus nette. Nous avons joué sur la noire, la rouge est sortie — il faut y aller.

J'ai pris le tour d'une réponse à Kératry puisque les journaux disent qu'il m'a adressé sa lettre. J'ai voulu aborder les principales objections et les résoudre. Je crois avoir réussi. Je crois aussi que le ton est juste. Elle est certainement trop longue, mais diable! il faut tout dire ou presque tout en si épineuse matière.

Tu iras voir Laurier de ma part 17, rue Joubert, entre huit et dix le matin, et 5 et six h. le soir. C'est le matin que tu as chance de le rencontrer le plus aisément; tu lui communiqueras l'affaire. Tu entends bien que je n'ai pas eu le courage de recopier ce factum, c'est assez de le pondre.

Vous pouvez d'ailleurs le garder et attendre mon

retour qui, je pense, aura lieu samedi soir. Fais-moi plaisir de garder pour toi cette nouvelle. Inutile de répondre.

Je suis littéralement éreinté. Je vais me coucher, songer que ma prose ne t'horripile point trop.

Tu peux consulter d'ailleurs sur le factum qui bon t semblera.

Je partirai comme toujours à petites journées mard pour Neufchâtel et peut-être mercredi seulement. Jeud à Dijon et un jour de repos. Samedi à Paris. — Tu voi que je ne peux recevoir de toi une réponse, tu as don tout le temps de grouper tes impressions et celle d'autrui.

Je ne sais plus répondre aux lettres, quand je suis s voisin d'une conversation.

Je t'embrasse.

L. GAMBETTA.

*P.-S.* — Je te prie de m'adresser tes réponses jusqu'à samedi matin 11 h. à Dijon, *poste restante*. Mais comme je désire ne pas avoir à décliner mon nom, je te prie de les mettre à l'adresse de madame Laurier, qui ira les réclamer pour moi.

2<sup>e</sup> *P.-S.* — Si après lecture et réflexions de toi, de Laurier et autres amis, vous jugiez, eu égard à l'état de l'opinion, qu'il faille publier, je te donne pouvoir. Sinon, attends mon retour.

L. G.

# ÉCLAIRCISSEMENTS ET DOCUMENTS

SUR LES

## QUINZE LETTRES

# ÉCLAIRCISSEMENTS ET DOCUMENTS

Nous sommes en 1869. Des élections générales viennent d'avoir lieu, mai et juin. Elles ont nettement établi que le régime impérial, fondé sur le suffrage universel et sur un massacre, a fini de manger son pain blanc. Les candidats officiels ont obtenu quatre millions cinq cent mille voix. Ceux de l'opposition en ont recueilli trois millions cinq cent mille. Pour mon compte, j'avais été battu dans une circonscription du département de la Gironde et je m'apprêtais à aller prendre à la campagne un repos que j'estimais bien gagné, lorsque des lettres de Paris, principalement de Jules Simon, vinrent m'inviter à chercher dans la Seine une revanche de ma défaite bordelaise.

Ce n'est pas du tout nécessaire, pour le but que nous poursuivons ici, d'expliquer les raisons de ce fait exceptionnel : Paris appelant à lui un candidat évincé en « province ». Il suffira de constater qu'il résultait de circonstances, alors très connues et favorablement appréciées par une notable portion du public politique, surtout par les deux chefs les plus éminents qu'avait [ou qu'allait avoir] le parti républicain : Jules Ferry et Léon Gambetta. Naturellement, je ne pouvais qu'être fort sensible à une telle marque d'estime. Mais comme il était indispensable, affirmait-on, de se mettre tout de suite en campagne, mon entrain n'était pas très grand. Excédé de tournées électorales, de réunions et de discours, j'eusse aimé mieux les Pyrénées et ma maisonnette de la vallée d'Aspe. Ce sentiment s'accentua, lorsqu'une fois sur le champ de lutte il se trouva que Simon, homme évasif, comme l'appelle Gambetta, au lieu de me conférer authentiquement les droits et privilèges d'héritier présomptif de sa circonscription, ainsi qu'il avait cru d'abord pouvoir le faire, se vit contraint de dépecer son concours et son appui en trois fragments égaux à distribuer entre moi, Hérold et Emmanuel Arago, ses amis et les miens. Il est bien vrai que Mme Simon, ma très bonne et très fidèle amie, — je me suis fortement refroidi, ensuite tout à fait brouillé avec Jules Simon, avec sa femme, jamais, — me mit en mains les carnets d'adresses des principaux meneurs, m'indiquant leurs habitudes, m'enseignant les meilleurs moyens de leur plaire.

Néanmoins mon courage ne s'en trouva pas beaucoup relevé. Perdre ses vacances, dépenser de l'argent, s'anémier dans une candidature urbaine, en plein été; tout cela me faisait assez triste. C'est dans ces circonstances, plutôt comiques j'en conviens, que Gambetta revint de Cahors, où il s'était en quelque sorte échoué pendant plusieurs semaines, sa double campagne de Paris et de Marseille l'ayant plongé dans un état d'épuisement, d'écrasement, qui ne laissait pas d'alarmer ses amis. On lui ordonnait en termes urgents, une « cure » à Ems, longue, complète, sérieuse, avec injonction de n'ouvrir la bouche que pour demander à boire et à manger. Gambetta déclara qu'un seul homme était capable de lui imposer le silence : moi, de par mon habitude de parler intarissablement sans vouloir jamais écouter personne. Je fus donc invité à l'accompagner, toute candidature cessante.

J'aurais pu faire l'homme qui sacrifie son ambition à son amitié. Au contraire, avec un empressement joyeux et qui n'avait rien de joué, j'acceptai de suspendre mon activité électorale, laquelle n'avait pas cessé de se maintenir dans les bornes d'une sage modération. Je connaissais Gambetta depuis ma retentissante aventure de 1863 contre M. Pietri, la veille préfet de police et envoyé extraordinairement à Bordeaux où il sut me mettre en minorité de 40 voix. Mais nos relations n'étaient devenues intimes qu'à partir de 1867. Quand des poursuites furent intentées contre les journaux initiateurs de cette souscription Baudin — qui révéla d'une façon si curieusement spontanée la répulsion, le mépris, le dégoût que l'acte ignominieux de Décembre avait accumulés au fond secret des âmes, même de celles qui ne s'en doutaient pas, — la *Tribune* (cf. *infrà*) s'y trouva impliquée pour un article que j'avais rédigé et signé. Très probablement, Gambetta aurait plaidé pour moi ou pour Duret, gérant de ce journal, s'il n'eût été choisi comme défenseur par Delescluze, personnalité dès longtemps notoire dans l'ancien parti républicain. Ce fut, à vrai dire un grand bonheur. Malgré sa puissance d'imagination Gambetta n'aurait jamais pu faire, à propos d'un être aussi incolore que votre serviteur, la prodigieuse harangue qui tomba comme un tonnerre sur la fabrique impériale déjà branlante, et, soudainement, substitua, aux pâles incohérences d'une opposition sans programme et sans chef, la politique « irréconciliable »[1].

Il existait d'ailleurs d'autres raisons que ma loquacité pour faire de moi un utile compagnon de voyage en la circonstance. M. Dubochet, directeur de la Compagnie parisienne du Gaz et auteur réel de la concentration en une seule de toutes les compagnies existantes, me portait une grande amitié. Outre le gaz, M. Dubochet était l'un des principaux actionnaires du P.-L.-M., et je pourrais — je pus en effet — grâce à lui, obtenir un traitement de faveur qui se prolongea sur toute la ligne, même au delà de Forbach, et que l'état de santé de Gambetta rendait très appréciable. En même temps, comme la nièce favorite de M. Dubochet, celle qui tenait sa maison, était à Ems chez le docteur Busch, elle se chargea, sur ma prière, de préparer à l'avance les logements que nous occuperions chez le même Busch. Il avait été dit tout d'abord que mon absence se limiterait au temps nécessaire pour faciliter le voyage et installer le malade. Mais ceux qui ont connu de près Gambetta à cette époque savent quelle horreur lui inspirait la solitude. Il aurait fallu avoir un cœur de bronze pour le quitter. Les jours et

---

1. Comme le ministère public visait à établir qu'il y avait concert et complicité entre les journaux par qui la souscription avait été lancée, Jules Favre, en me défendant, fit valoir qu'à la date indiquée « l'auteur de l'article de la *Tribune* » volait emporté sur les ailes de la vapeur ». On plaidait encore de ce style là en 1868. Quant au fait allégué par cette métaphore ornithologique, il était exact. Mon article avait été écrit en wagon entre Bordeaux et Lectoure où j'allais assister aux poursuites correctionnelles intentées contre Lissagaray comme diffamateur de Duruy et des Cassagnac qu'il appelait « le triumgueusat ». Habitant réellement Paris et politiquement Bordeaux, je vivais pour ainsi dire en chemin de fer; et il m'avait fallu imaginer un procédé d'écriture qui me permît de faire de la première voiture venue un cabinet de rédaction.

les semaines s'écoulèrent; si bien que, parti vers la fin de juin, j'étais encore à Ems aux premiers jours d'août.

Comme je n'écris ces lignes que pour rendre la lecture des lettres plus coulante, il suffira maintenant d'avertir que des notes et notules, aussi brèves que possible, vont successivement expliquer les allusions à la polémique de Jules Ferry avec le *Temps;* aux compétitions électorales; à un incident judiciaire de Bordeaux; à M. Dubochet, son château, ses nièces, sa participation hypothétique à *mon* ou à *notre* journal, etc., etc. L'esprit du lecteur se trouvera ainsi débarrassé de ces menues insignifiances; il pourra ne plus penser qu'à Gambetta et jouir en paix de ce que ces lettres contiennent de vraiment général et élevé. Dites-vous bien, par exemple, que lorsqu'il retourne *ma* candidature sous tous ses aspects, il songe moins à moi qu'à un plan grâce auquel le parti républicain, reconstitué par l'élection de Paris, acquerrait enfin l'idée d'ensemble et la main directrice qui lui manquent.

*<sub>*</sub>*

Quant aux choses que purent nous apprendre, pendant le séjour à Ems, nos six semaines de flânerie — la consigne était de se promener lentement, mais incessamment — je crois bien que ce temps ne fut pas tout à fait perdu. Très cosmopolite d'habitude, la station d'Ems était devenue momentanément toute germanique par suite de la présence du roi de Prusse. A coudoyer soir et matin les vainqueurs de Sadowa, il fallait bien s'occuper de ce que disaient et faisaient ces « Macédoniens de l'Europe », comme les qualifiait Gambetta; Macédoniens d'intention et très en expectative, il est vrai. Chez quelques-uns d'entre eux la personne de Gambetta éveillait une assez vive curiosité; mais peu nombreux furent les cas où elle trouva à se satisfaire. Nous étions au régime du silence. Il n'y avait pas d'ailleurs que des Allemands à Ems. M. Urbain Rattazzi, dont j'avais reçu autrefois des lettres très chaudes en remerciement d'articles appréciant sa politique de sécularisation du clergé piémontais, était là avec sa femme, l'ex-princesse de Solms, que je connaissais depuis longtemps. L'ancien ministre du roi Victor-Emmanuel était certes le contraire d'un parleur évaporé. Il parlait un peu cependant ; assez pour mûrir en moi une impression qui me hantait, chose singulière, depuis que j'avais vu et entendu de près Garibaldi à Genève, au Congrès dit « de la paix ». Cela se passait en septembre 1867, c'est-à-dire un an environ après Sadowa. Il était bien visible que les Suisses et les Italiens ne songeaient guère à la paix. Comprenant mieux que nous qu'un grand conflit était proche, ils se préoccupaient fort peu de nos harangues débridées, tout à fait insignifiantes à leurs yeux, à côté de ce qu'ils voyaient venir. Le rapprochement de ces deux noms : Rattazzi, Garibaldi, et l'évocation d'une assemblée qui se rendit alors notoire par son étalage d'exaltation démocratique, sembleront bizarres s'il se rencontre des gens pour se rappeler encore ces choses-là. Mais le fait que Rattazzi, le confident de Victor-Emmanuel, et que Garibaldi, le promoteur d'insurrections en apparence échevelées, compteraient, à l'occasion, les intérêts de la France comme un fétu, et que nous ne devions, en cas de malheur, rien attendre ni de leur roi, ni de leur peuple, ni de leurs hommes d'État, ni de leurs partis ; pas le moindre denier ; pas même un encouragement, cette opinion, dis-je, avait fini par s'emparer comme une irrésistible évidence de ma cervelle d'italianissime[1]. Pour ne pas jouer au

---

1. Italianissime très chaud, très sincère, mais à bon escient. Les quelques républicains de Bordeaux qui venaient me voir — ils n'étaient pas nombreux en 1859 — me dirent : « Vous êtes notre chef, nous vous suivons, mais quels sont vos motifs pour épouser si ardemment cette entreprise bonapartiste ? » — « Je puis, pour faire court, vous en indiquer un, le principal sinon l'unique, et d'un seul mot, leur répondis-je : le pape. Une guerre de délivrance de l'Italie, menée par des Français, qu'elle soit heureuse ou malheureuse, tournera toujours à la diminution du pape-roi, sinon à sa destruction. Le plus grand obstacle à l'établissement de la liberté républicaine en France, c'est l'influence du clergé catholique. Quand le pape ne sera plus roi, notre clergé perdra les trois quarts de son influence et il deviendra plus humble. Ce motif vaut tous les autres réunis : principe de nationalité,... etc., etc. J'ai tort de dire qu'il vaut tous les autres. Pour quiconque voit plus loin que le bout de son nez, il est seul valable. » Quand j'étais italianissime, je savais donc pourquoi je l'étais. Maintenant je le fus avec une vigueur rare. Un seul journal protesta contre la paix de Villafranca, la *Gironde*, foudroyée le lendemain par un avertissement rédigé en style d'anathème. Un seul journal prit parti pour Garibaldi, battu et blessé à Aspromonte par les soldats de la maison de Savoie, la *Gironde*, frappée d'avertissement géminé et mise en péril de mort. Un seul journal, la *Gironde*, dévoila et caractérisa l'hypocrisie et le mensonge du rôle italien du prince Napoléon Jérôme dit Plon-Plon, rôle qui faisait l'admiration du *Siècle* et de l'*Opinion nationale*, et pour cela elle reçut deux avertissements dans une seule semaine. Je tâcherai d'en donner plus loin les phrases caractéristiques.

prophète à bon marché, je dois confesser que le « cas de malheur » dont il vient d'être parlé, nous n'y pensions même pas. Si nous y avions pensé, c'eût été pour en rire.

Quoi qu'il en soit, la présence de M. Rattazzi me fournit un prétexte pour exposer abondamment à Gambetta mes vues sur la matière. Cet orateur merveilleux était un écouteur incomparable; en quoi il ressemblait à Ferry. Il se préoccupait alors fort peu de politique extérieure. Cependant j'ose affirmer que s'il eût tenu, en septembre 1870, au lieu de Jules Favre, le portefeuille des affaires étrangères, l'avocat Sénard, étonnant ministre plénipotentiaire, n'aurait pas été envoyé à Florence avec charge d'y remplir une mission plus étonnante encore.

Gambetta n'avait pas voulu voir M. Rattazzi qui, au surplus, n'en avait manifesté le désir que très indirectement, en laissant parler sa femme. Dans plusieurs autres circonstances assez intéressantes, l'état de la gorge de *mon* malade nous dicta pareille réserve. Il y eut quelqu'un qui dut en être fort mécontent. Au lieu de quelqu'un, c'est « quelqu'une » que je devrais dire, et vous m'excuserez si, pour ne pas pontifier toujours, je rapporte cette anecdote. Une actrice de petit théâtre, devenue notoire par sa liaison avec un critique dramatique assez tristement fameux, fit pour nous approcher des efforts tellement entêtés et tenaces que nous ne savions comment les expliquer. Douze mois plus tard, nous en trouvions la clef — et de quel style! — au ministère de l'intérieur, dans les cartons de la sûreté générale.

*\**

Cependant le temps fuyait; Gambetta avait achevé sa « cure », c'est-à-dire pris le nombre de bains et bu la quantité d'eau que le très amusant docteur Busch avait cru devoir lui prescrire. Il me devint donc loisible de reprendre la route de Paris, avec recommandation expresse de « retourner bravement vers mes meneurs ». Je cite cette phrase de la lettre première pour en prendre occasion d'expliquer les noms qui reviennent souvent : Guérin, Carpentier, Braleret, Cartigny. Guérin, influent dans le faubourg Antoine —

très digne chef de famille, ressemeleur de vieilles chaussures, surtout éleveur de serins, à quoi il excellait — m venait de M<sup>me</sup> Jules Simon. Les autres appartenaient à l huitième circonscription qui avait élu Gambetta, et c n'était que par dévouement pour leur député nouveau e très chéri, qu'ils consentaient à se mêler de mes affaires. L plus remarquable était Cartigny, un Bellevillois à têt grisonnante, tutoyant Gambetta, hélas! selon un usage que je n'ai jamais pu digérer, mais qui, dans ce cas spécial, me paraissait supportable. On verra que Gambetta me conseillait un jour de le choisir, de préférence à Ferry, pour présider une de mes réunions. C'est un des points sur lesquels nous étions le mieux d'accord : opportunité d'appeler les prolétaires à la direction, en cas d'aptitude. Il m'amena plusieurs fois, le dimanche, dîner — le potage, le bœuf, un morceau de fromage — chez ce digne père de famille dont j'ai gardé un souvenir de respect, presque d'admiration. Des démocrates de ce type, à vie limpide et pure, austères de mœurs, le cœur très haut et très chaud, la tête réfléchie, j'avais cru longtemps qu'on n'en pouvait rencontrer que dans les romans de M<sup>me</sup> Sand.

*\*\**

Je pense avoir fait le nécessaire pour rendre coulante la lecture des quinze lettres. Cependant je garderai encore la parole :

*a)* En vue de fixer certains points d'histoire politique, les uns n'exigeant que quelques lignes, les autres ayant besoin d'être un peu plus détaillés;

*b)* En vue aussi de marquer des traits de tempérament moral et de caractère que les lettres font ressortir, et que j'ai le désir d'apprécier avec quelque développement.

Ces trois nuances seraient bien exprimées par le titre dont j'ai l'habitude de me servir dans mes autres travaux historiques : « Petits essais, notes et notules. » Mais on me fait remarquer que cela sent trop le vieux jeu, et je n'en retiendrai qu'un procédé que je crois très utile. Il consiste à placer à la tête de chaque étude particulière, — les très brèves, les moyennes et les très longues, — un texte qui en forme le point d'union. Autour de lui se rangent les théories, les citations, les ressouvenances; et son authenticité, vérifiée, écarte le péril sans cesse imminent des divagations.

---

**La santé de Gambetta**

*Je suis tout à fait mal depuis que tu es parti... J'ai passé ces derniers jours en véritable et continuelle crise.* [Lettre I, p. 3.] — Il y a dans ces lettres des indications multipliées concernant la santé de leur auteur. Ramassées en un tout suivi, on en apercevrait sans peine l'intérêt. Elles permettraient de mesurer les obstacles personnels, situés en lui, qu'il allait avoir à surmonter quand, une année en çà, il s'imposerait les lourds devoirs d'une dictature administrative et militaire. J'ai lu dans quelque endroit, sans me rappeler où, qu'à cette date de 1869 « il vomissait le sang à flots ». L'allégation est absurde. Ni alors, ni en 1870, pendant notre voyage en Suisse, il n'y eut rien de pareil. Tout au plus quelques hémoptysies insignifiantes quand il toussait, comme il me le dit, à se rompre le thorax. Seulement sa bronchite chronique, compliquée d'emphysème, avait amené un état général d'après lequel l'hématose était rendue lente et difficile, et, par là, communiquait un caractère spécial à des incidents qui, normalement, n'auraient eu aucune importance. C'est ce qui arriva aux Crêtes, en juillet 1870; et les médecins qui le soignèrent en 1881 auraient pu être utilement éclairés par ce que je vais dire.

A la suite d'une piqûre de mouche sur l'annulaire de la main droite, au-dessous de l'ongle, la petite plaie ainsi creusée fut très longue à guérir. Elle exigea un traitement; puis enfin nécessita une incision cruciale fort douloureuse qui provoqua une syncope. Il ressort de ces divers détails que lorsque Gambetta fut appelé à monter en ballon, le 7 octobre 1870, pour, ensuite, mener une existence — qui ne connut guère de repos, à ce qu'il me semble — il y était physiquement préparé aussi mal que possible. Les difficultés qu'il eut à vaincre furent donc infiniment plus grandes pour lui que pour tout autre homme de son âge. Cependant, je dois constater qu'elles me parurent lui avoir été plutôt profitables, quand je le revis à la préfecture de Bordeaux, le 2 février 1871, date de la dernière rencontre intime que j'ai eue avec lui. Les traits du visage étaient tendus, émaciés ; la moitié droite de la face, celle qui correspondait à l'œil absent, avait définitivement pris une fixité marmoréenne. Mais l'habitude du corps était plus ferme et plus souple : l'ancienne obésité quasi ottomane avait disparu ; les muscles avaient perdu un tiers de leur volume.

.*.

La manière dont j'avais vu Gambetta supporter ses souffrances, le ressort extraordinaire qu'il déployait pour leur résister, me permirent de deviner comment il se tirait d'une existence violente ou du moins très mouvementée. Quand, à la fin de la lettre I, il me dit qu'il vit en véritable et perpétuelle crise, je savais très bien ce que cela signifiait : une série d'accès de toux qui semblaient le mettre à deux doigts de l'asphyxie. En général, les hommes, même robustes, ne gagnent pas à être observés dans ces situations-là. Lui, il en sortait pleinement à son avantage. A l'époque où je l'ai connu — cela ne préjuge rien sur ce qui put arriver quand se fit sentir la responsabilité — il laissait considérablement à désirer par l'allure, le ton, le langage, le geste, la façon de mouvoir la tête, de cracher partout. Néanmoins, ces manières qui, chez un autre, auraient paru fort déplaisantes — à vrai dire, elles retardèrent beaucoup le franc avènement de notre pleine familiarité — étaient bientôt effacées par une affabilité large et cordiale, et si les choses allaient plus loin, par une affectuosité chaude et irrésistible qui faisait tout oublier. Il n'est pas jusqu'à sa déplorable préférence pour les mots les plus gros, les plus gras, les plus crus, qui finissait par sembler sinon séante, du moins supportable à force d'entraînante et d'exubérante bonne grâce. J'expose ailleurs, à un point de vue théorique et plus élevé, ce que fut la nature de Gambetta en ce qui concerne les trois instincts sympathiques, pierre de touche positive de la valeur individuelle. Mais ce qui nous occupe présentement, c'est Gambetta malade. Aussi me bornerai-je à dire en termes qu'on jugera peut-être puérils, que les moindres détails de sa tenue habituelle attestaient le désir d'aimer et d'être aimé. Dans les assauts de douleur qu'il a subis — toujours très courageusement — devant moi, ce n'est pas uniquement son étonnante énergie de réaction qui me frappait, mais le mot gai, gaillard, qu'il trouvait toujours, l'orage passé, et qui n'avait pas tant pour objet de se donner à lui-même, comme il disait, la preuve que « petit bonhomme vivait encore », que la préoccupation visible, dominante, de calmer les craintes et d'adoucir l'angoisse de ceux qui étaient autour de lui.

Le docteur Fieuzal me décerne (p. 7) un brevet de bon garde-malade. Je l'avais probablement mérité. Mais, pour parler franc, à faire ainsi un métier qui n'était guère dans ma vocation, le mérite fut assez mince, le plaisir de m'en acquitter ayant toujours notablement dépassé la peine qu'il me donnait. Au surplus, ce que j'y dépensais le plus, c'est de l'affection. Moi aussi, je mets la sympathie au-dessus de tout. C'est par la place que Comte, si bêtement accusé de sécheresse, lui assigne dans notre vraie nature morale qu'il m'a tout à fait conquis; c'est parce que Martin eut un cœur plus grand que la poitrine, un cœur immense capable d'envelopper tous les êtres, que je me suis attaché à lui passionnément. De l'affection, le Gambetta que j'ai connu en avait un incessant besoin. Que de fois l'entendant, la nuit, se jeter précipitamment à bas de son lit, tordu par un de ces étouffements qui épouvantent les plus fermes et qui parfois l'amenaient à se rouler sur le tapis, je venais à ses côtés, je lui prenais la main, sans parler, sans vain encouragement qui l'aurait irrité. Mais je savais que cette pression amie le calmait, le soulageait, le rassurait. Pour rien au monde il ne m'eût appelé. Quand c'était fini, que la respiration redevenait libre, il ne manquait pas de dire dans l'affreux langage où il se complaisait : « Qu'est-ce que tu f...-là? Vas-tu bien vite regagner la chambre! Ai-je donc besoin qu'on me veille? » Mais si je n'étais pas venu...

Je m'étends un peu sur ce sujet de Gambetta malade,

— je n'en ai jamais tant dit à personne — estimant que la question commençait à prendre une couleur politique. Il avait alors trente et un ans; moi, quarante-deux, et, comme on dit, je n'aurais pas changé avec lui. Déjà, quelques fils blancs s'apercevaient dans le noir luisant de sa chevelure. Une madame X..., que je rencontrais au Casino, me demandait avec insistance ce qu'il fallait vraiment croire de l'état de Gambetta. Et comme je m'étonnais un peu : « On s'en préoccupe beaucoup dans le monde des affaires. [Mᵐᵉ X... était la femme d'un agent de change.] Ils disent que pour donner sa confiance à un homme qui, demain, dirigera la barque, il ne faut pas seulement le savoir fort par l'intelligence et la volonté; il y a la santé qui est indispensable. » Un jour elle me montra une lettre où je lus : « Donne-moi de *ses* nouvelles. Nous avons besoin qu'il se porte bien. » Je pourrais rapporter des traits de ce genre en grand nombre, indiquant que cette idée avait presque instantanément pénétré dans les têtes qu'il était capable de gouverner. Je ne sais pas s'il est souvent arrivé, en France, que les gens d'affaires se soient ainsi préoccupés d'un homme politique, encore à l'état de *rising man* et qui n'était pas militaire. Nous reviendrons là-dessus quand je vous raconterai comment je fus obligé, entre le 7 août et le 4 septembre 1870, d'instituer, chez moi, 8, rue Halévy, où il séjournait alors, un secrétariat spécial chargé de décacheter, de lire et de trier les lettres qui affluaient de tous les points de la France. Si j'avais essayé de faire à moi seul cette besogne, mes matinées entières y eussent été occupées.

---

*Je crois qu'il [Ferry] a tort d'écrire si souvent.* [Lettre I, p. 4.] — Le 2 août 1869, sous l'étroite pression de circonstances très sagement appréciées (lettre VII, p. 21), l'empereur soumettait au « Sénat conservateur » un projet qui fut la préface de ce qu'on appela « l'Empire libéral ». Le rédacteur en chef du *Temps*, journal où Jules Ferry écrivait avec quelque assiduité, apprécia ces nouveautés constitutionnelles avec un optimisme dont ne pouvait s'étonner quiconque connaissait bien les véritables sentiments de Nefftzer. Comme le public tout entier, conscient ou inconscient, Nefftzer voyait monter à grandes vagues, d'ailleurs régulières et paisibles, la marée républicaine. C'était une parole de tous les jours, et beaucoup parmi les « libéraux » ne la prononçaient pas sans amertume : « Il n'y en a que pour les républicains. » Or, si Nefftzer comptait beaucoup d'amis parmi les partisans de la République, moi, par exemple, et tant d'autres, en revanche, il avait pour ce régime une aversion véritable, ne s'amusant pas à l'étaler sans doute, mais ne la dissimulant pas non plus. Cela explique la réponse « trop allemande » faite aux réclamations de Ferry qui, lui, résolument républicain, craignait d'avoir à endosser indirectement, par suite de sa collaboration, les indulgences du rédacteur en chef du *Temps*[1]. Cette polémique, prolongée du 8 au 13 août, n'exerça, bien entendu, aucune influence, soit en bien, soit en mal, sur le spécimen de haute littérature napoléonienne qui en faisait l'objet. Discuté par le Sénat conservateur le 4 septembre 1869, le projet fut voté à la presque unanimité le 7 du même mois. Il avait à vivre tout juste un an moins trois jours.

---

**Deux plans de conférence.**

*L'état démocratique une fois organisé.....* [Lettre IV, p. 10.] — Dans ce plan de conférence, rédigé à mon profit, mais où je ne devais prendre que ce qui agréait à mes vues propres, un peu plus mûres et méthodiques que celles de mon correspondant, on peut voir quelles étaient les opinions de Gambetta en une matière qui importe si fort. Bien qu'assez incohérentes et dépourvues de précision quant au langage, elles

---

1. Sur Nefftzer, son culte pour le journalisme, ses mérites très spéciaux et sa remarquable netteté de conception et d'expression, voir *Bellerophon vainqueur de la Chimère* (décembre 1901, p. 145), où je le caractérise comme le plus positiviste des métaphysiciens. Le motif qui, je crois, lui fit quitter le *Temps*, c'est qu'entre la France et l'Allemagne, il se refusait à opter disant : « Je ne suis pas Français, je ne suis pas Allemand : je suis Alsacien. » Ayant la vague intuition que le journalisme est actuellement, hélas ! le principal, sinon l'unique représentant du pouvoir spirituel, il s'était fait une très haute idée du sérieux, de la probité, de la sincérité qu'exigerait cette profession dangereuse; surtout du degré de préparation qu'elle réclame, étant soumise par-dessus tout à l'obligation de ne parler que de ce qu'on sait.

expriment avec une suffisante rigueur comment l'instruction populaire doit être comprise dans les pays émancipés et non encore réorganisés, tels que la France. Ne s'attardant pas à démontrer ou à discuter l'obligation et la gratuité — deux faces du sujet étroitement liées ; la première commandant la seconde sans réplique, mais l'une et l'autre contestées et contestables — il dirige son attention vers un troisième aspect de la thèse, le plus important en réalité. L'État, la puissance exécutive, est tenu de procurer l'instruction élémentaire à ses citoyens. Cette obligation, qui résulte de l'absence d'un pouvoir spirituel respecté et obéi de tous, implique, par cela même, l'exclusion nécessaire des interventions quelles qu'elles soient, autres que la civile. Une telle exclusion est surtout impérative là où les cadres disloqués et discrédités d'un pouvoir spirituel, autrefois prééminent, subsistent toujours ; — incapables d'aider à l'ordre, très bien outillés pour le troubler.

Effectivement, le fait essentiel de la Révolution accomplie il y a 120 années ayant consisté en la rupture avec cet ancien pouvoir, il est manifeste que l'exécutif nouveau ne peut ni ne doit laisser un aussi dangereux moribond se mêler à aucun degré de *ses* affaires. Or, provisoirement, la disparition de l'unité religieuse et le gâchis confessionnel ont fait de l'enseignement du peuple une des affaires, peut-être la plus importante, du pouvoir civil. Devant cette constatation, pourvu qu'on en limite strictement les effets à l'instruction primaire, les objections dites libérales ne sont que des arguties. Sous ce rapport, Gambetta, qui aurait peut-être eu de la peine à fournir la raison théorique que je viens d'alléguer, s'était cependant formé des vues tout à fait exactes sur le côté pratique du sujet. Il demande, par dessus tout, que l'instruction — qu'il confond constamment avec l'éducation — soit « civile et laïque ». Pour le dire en passant, cette introduction inusitée du mot « civile » fait honneur à son besoin de netteté, le second de ces termes étant bien plus clair que le premier. Avec beaucoup d'énergie et sans trop d'emphase, il dénonce l'immorale banqueroute dont l'État — tel que la Révolution l'avait institué depuis 1792 en lui imposant un programme aussi élevé que précis[1] — s'est rendu coupable envers le prolétariat des deux sexes, tant urbain que rural. Quant à l'argument, à lui personnel, qu'il me livrait pour mon usage, s'il a plus d'éclat que de solidité, il n'en aurait pas moins, développé par un orateur de son envergure devant des hommes politiques, produit une impression considérable. Mais il était hors de mon cadre et de mon public. Je n'avais assurément pas, soit en fait de théorie, soit en fait de renseignements financiers ou bibliographiques, grand'chose à demander à Gambetta. Car j'étais plus familier que lui avec les livres et avec le budget. Je me bornai à tirer de sa lettre un élément utile pour faire passer plus vite sur la question de dépense. Mon opinion intime était qu'on pouvait et qu'on devait multiplier les concessions, tant d'argent que de doctrine — gratuité, obligation — rien qu'en vue de la laïcité, elle seule étant exigée par notre situation. C'est elle seule, au surplus, qui nous a valu quelques sérieux bénéfices. Le compte en est facile à dresser depuis qu'on a essayé de l'établir.

\*\*\*

Ce plan de discours sur l'instruction obligatoire me fait ressouvenir d'une autre lettre, qui n'a pas sa place ici puisqu'elle date de mars 1870, et qui traitait, elle aussi, du principe d'obligation, seulement appliqué au recrutement de l'armée. Je venais d'être élu conseiller général du département de la Gironde, et ce mandat, que je ne devais jamais remplir, — les Conseils généraux furent dissous en décembre 1870, — Gambetta me demandait de l'utiliser, dès le début, en posant systématiquement et chiffres en mains, le problème alors nouveau de la soumission de tous les citoyens au service militaire. Sur ce sujet, il me traçait, en lignes vraiment magistrales, le canevas du discours à faire. On s'est déjà

---

1. J'entends désigner ces lignes, pleinement adoptées ensuite par la Convention et où Condorcet, substituant avec netteté le point de vue social au point de vue théologique, définit l'objet de l'instruction : « cultiver dans chaque génération les facultés physiques, intellectuelles, morales et par là contribuer à ce perfectionnement de l'espèce humaine, dernier but vers lequel toute institution sociale doit être dirigée. » (*Rapport sur l'organisation générale de l'Instruction publique*; Œuvres, t. VIII, p. 450.)

aperçu que je n'ai point de penchant à admettre que les
« autres » m'aient jamais fourni beaucoup d'idées générales. J'aurais plutôt la prétention opposée, laquelle d'ailleurs
n'implique aucune vaniteuse forfanterie, étant donnée la
source si riche et si profonde où je puisais quotidiennement
des notions qui ne m'appartiennent pas. Mais il est un ordre
d'idées, mieux vaut dire une catégorie de sentiments, où
Gambetta a été mon maître, je le confesse avec gratitude.
L'amour de la patrie, l'adoration de la patrie française,
l'appréciation à la fois exacte et exaltée de ce qui est dû à ce
noble et indispensable organe de toute existence nationale
digne et libre, la Patrie armée.

Ce n'est pas que ces sentiments fussent abolis en moi; ils
sommeillaient, engourdis par les perpétuelles et agaçantes
banalités du patriotisme impérial; et aussi par l'abus de certaines généralisations trop exclusivement et maladroitement
maniées. L'inébranlable, la nécessaire série ascendante des
trois êtres collectifs qui s'engendrent et se soutiennent :
Famille, Patrie, Humanité, cette base de granit de la moralité
positive, n'était certes pas sortie de mon esprit. Mais c'est à
la France réelle et concrète que peut-être je ne pensais pas
assez. Gambetta, lui, y pensait toujours, et de là lui est
venue sa meilleure gloire.

Voici sur ce sujet une série de notations, rangées sans prétention à l'ordre,
comme je les relève çà et là avec un crayon. En premier lieu, il adorait l'armée,
sentiment qui m'était bien étranger. Cependant, lorsque fut discutée en 1868 la
réorganisation militaire, je publiai dans la *Gironde* des articles qui ne ressemblaient pas aux discours des députés de l'opposition; ils y ressemblaient si mal
que Jules Simon s'en montra choqué et m'écrivit une lettre assez aigre qu'on lira
aux *reproductions*. Gambetta, au contraire, m'a dit bien souvent que ces articles
avaient été un des motifs qui le poussèrent à nouer avec moi des liens plus étroits.
Malgré cela, je n'en écoutais pas moins avec étonnement ses confidences au sujet
des rapports qu'il avait avec le « mess » des Cent-Gardes, grâce à sa parenté ou sa
liaison d'enfance avec un des membres de ce corps privilégié. Il aimait les soldats,
à parler avec eux, à parler d'eux, disposition peu commune chez la jeunesse
démocratique. Mais ce fut surtout après la guerre déclarée qu'il me fit éprouver
plus de surprises.

Grand lecteur de journaux étrangers, italiens et anglais surtout, habitué à
considérer le *Times* comme une lecture indispensable pour qui fait de la politique, de l'industrie ou du commerce d'une manière un peu étendue, — je le
pense encore; je n'ai quitté ce journal qu'en quittant la vie publique, — m'étant
fait en outre des amis en Allemagne, je maniais sans cesse des renseignements à
peu près inconnus en France, et qui déteignaient en noir sur mes appréciations.

Nous nous mîmes en route le 20 ou le 22 juillet, ayant pour but final le château des Crêtes, près Clarens, mais avec le plan de parcourir d'abord la Suisse à lentes journées. Dans nos conversations, où la guerre occupait naturellement une grande place, pas une minute il ne lui vint à l'esprit que la France pourrait avoir le dessous. S'il m'arrivait de laisser percer quelque appréhension, Gambetta, avec son ordinaire débraillé de langage et sa plus joyeuse confiance, criait : « Nous allons leur f... une pile ! » Quand l'entretien devenait plus régulier, c'était pour discuter la rédaction d'une brochure dont il avait promis de se charger — disait-il — sur la prière d'un éditeur, et où seraient exposés les principes de droit et les procédés larges et généreux d'après lesquels devait être réglé l'aménagement des pays frontières dont nous allions bientôt avoir indubitablement la maîtrise. Il m'est resté de cette élaboration des notes passablement précises.

A Olten, petite ville, mais très centrale et siège du quartier général de l'armée suisse, Gambetta, se sentant fatigué, se fit donner une chambre à la gare pour y prendre du repos entre deux trains. Moi, je m'installai dans un coin de la buvette avec le tas de journaux et de dépêches que j'avais trouvé à la poste restante. Je suis amusé, par comparaison avec mon régime actuel, en me rappelant que j'étais alors le rédacteur en chef de la *Gironde*, le rédacteur principal de la *Tribune* hebdomadaire après Pelletan ; le rédacteur bi-hebdomadaire du *Journal du Havre* ; le rédacteur *ad libitum* de la nouvelle *Réforme* ; enfin, le correspondant parisien et quotidien du *Journal de Genève*. De plus, en ma qualité de président de la presse départementale et étrangère, pour les entrées au Corps législatif, j'avais pris vis-à-vis de l'agence Havas une situation telle que M. Bullier, alors son chef effectif, m'expédiait toutes les dépêches intéressantes à des adresses indiquées par avance, ce que faisait aussi la rédaction du *Journal de Genève*. Je marque ces détails parce qu'ils avaient seuls décidé Gambetta à voyager à un moment pareil. Nous étions assurés de connaître à temps toutes les nouvelles.

Je me débrouillais donc au milieu de mes paperasses, quand le buvetier — trente-cinq ans, allure martiale, ce qui n'est pas rare en Suisse depuis le nouveau régime militaire, évidemment frotté aux bureaucrates de l'état-major, — s'approche poliment et me dit : « Y a-t-il enfin du nouveau, Monsieur ? » — « Non, rien, ni de Paris ni de Genève, mais pourquoi « enfin » ? Vous êtes pressé ? » — « Oh ! pas moi, ce sont les Français qui ne le sont pas assez. Je crois bien qu'ils vont être battus. » — « Et qu'est-ce qui vous le fait croire ? Avez-vous des raisons ou simplement une préférence pour les Allemands ? » — « Pas du tout ; si j'avais à préférer, j'irais plutôt vers les Français. Mais voici déjà bien du temps écoulé depuis que la guerre est déclarée. Les Français n'ont rien fait. Je connais leur manière ; s'ils étaient dispos et préparés, il y a beau jour qu'ils se seraient jetés sur l'Allemagne. Le diable au corps n'y est pas, et c'est leur meilleure qualité. Ils seront battus. »

Tout cela, dit très vertement, mais simplement, n'était pas à une distance bien grande des prévisions qui me tourmentaient un peu. Les marques d'enthousiasme belliqueux dont j'avais été témoin sur les boulevards m'avaient laissé très défiant. Quand je rapportai à Gambetta les propos de mon buvetier : « Quel joli général de cabaret ! — dit-il — ; il est vrai que nous sommes en retard, grâce à toute leur cuisine impériale. Mais on se rattrapera ; et tu vas voir quelle pile nous allons leur f... »

Ce refrain, invariablement énoncé avec un air de pleine certitude, me faisait un bien extrême. J'ai horreur du pessimisme vague. J'oubliais de bon cœur le *Times*, le *Diritto* et bien d'autres informations alarmantes.

Une fois arrivés aux Crêtes — il faut marcher et je m'éternise — son mal de doigt ayant condamné Gambetta à la réclusion, il se consolait en lisant, dans la colossale édition qui exige pour être feuilletée un grand et solide chevalet, car elle a 34 centimètres de haut sur 27 de large, les *Confessions* de Jean-Jacques, qu'il n'avait jamais lues. On n'imagine pas combien il avait peu lu. Quand il fut guéri, nous sortîmes pour visiter les gorges du Trient, dans le canton du Valais. A notre retour, des messieurs de Vevey nous attendaient à la gare de Clarens pour nous apprendre l'affaire de Wissembourg et nous manifester leur affliction. Je n'ai jamais oublié l'air qu'ils avaient. Ces gens du pays de Vaud aiment la France ; ils devaient bientôt le prouver surabondamment. Mais M. Bonaparte avait si bien mené les affaires avec ses querelles perpétuelles et ses attitudes de bravache qu'on voyait dans leurs yeux qu'ils étaient contents, ne sachant pas en vérité quelle fantaisie pourrait passer par la cervelle de cet halluciné s'il était vainqueur. Gambetta fut-il troublé par Wissembourg (dépêche du 5 août)? En aucune manière. Et comme il nous voyait tous très déconfits, il dépensa des trésors d'ingéniosité et de chaleur pour nous prouver que cette première affaire qui ne concernait qu'une simple division était insignifiante et ne préjugeait rien. Mais le lendemain, quand mes télégrammes nous apprirent le désastre de Reichshoffen, ou bien Frœschwiller ou bien Wœrth (6 août), et sur le détail qu'ils donnaient que M. Émile Ollivier haranguait la foule du haut du balcon de la place Vendôme, Gambetta se dressa vivement et dit : « Si Ollivier harangue le peuple, il faut faire nos malles. » Il ne donna d'ailleurs aucun autre signe d'inquiétude.

Nous allâmes en effet prendre à Genève le train de Paris. A Bellegarde, première station française, on lisait sur les murailles une proclamation de l'impératrice. Arrivé au passage où cette étonnante personne prenait sur elle de rassurer le peuple français en lui répétant ce mot absurde de son mari : « Tout peut encore se réparer, » Gambetta laissa échapper, avec une énergie inaccoutumée, l'espèce de ricanement intérieur que je vous ai déjà décrit comme exprimant le *maximum* de son dédain. Maintenant, ce geste, d'ailleurs si amplement justifié — je n'ai jamais compris la lâche et fausse politesse dont on fait montre à l'égard d'une femme qui fut le principal auteur de l'ignoble et dangereuse expédition du Mexique et de la guerre d'Allemagne — avait-il un autre sens que l'irritation indignée qu'on pût ainsi faire l'aveu affolé, maladroit et probablement inexact des pertes subies par la France? Je ne saurais dire. Des appréhensions, de l'inquiétude, de la crainte, je n'en ai jamais aperçu trace dans les paroles de Gambetta entre le 7 août, date de ce qui vient d'être rapporté, et le 3 septembre. En tout cas, ce jour-là, comme après constatation du désastre de Sedan, j'ajoutai : « Pour le coup nous avons touché le fond de l'abîme, » il m'interrompit : « Ne dis pas de bêtises ! » Vous pourrez voir plus loin qu'en février 1871, quand il avait dû quitter Tours pour Bordeaux, quand Paris avait cédé devant la famine, quand l'armée de l'Est était perdue, il pensait, il « croyait » encore que, si on l'eût voulu, la terre de France aurait fini par dévorer ses envahisseurs.

*\*\**

Je ne puis me retenir de parler un instant encore sur cette matière, quoique j'aie refusé de me porter juge de ce qu'il a dit ou fait en dehors des heures où je l'ai directement vu et entendu agissant ou parlant. Mais, selon moi, l'étude de sa dictature administrative et militaire offre surtout de l'intérêt sous l'aspect sentimental et moral : par suite, il est possible de l'apprécier indépendamment de son aspect pratique. Même un tel essai ne saurait être que profitable, si on n'y met en œuvre que des données de source purement personnelle, les unes un peu antérieures, les autres immédiatement postérieures aux faits. C'est ainsi que je vais procéder. Par malheur, tout cela étant quelque peu entortillé, je risque qu'on prenne ce qui va suivre pour un couplet banal et rebattu d'oraison funèbre. Il est certain que des voix autrement éloquentes que la mienne l'ont rabâché à des centaines de reprises, ce couplet, sans d'ailleurs l'appuyer sur autre chose que leur enthousiasme et sur l'adhésion d'un public ami. Moi, je viserais à en faire une vérité incontestée, établie *geometrico more*, et je serais bien sûr d'y réussir s'il m'était permis de ne retenir aucune de mes preuves. Essayons tout de même.

Nous partons de cette proposition que Gambetta aurait pu être, qu'il a peut-être été un fort mauvais ministre de l'Intérieur; qu'il aurait pu être, qu'il a peut-être été un très insuffisant ministre de la guerre. Mais ces deux thèmes d'accusation fussent-ils admis comme définitivement vidés contre lui, il est une autre question qui leur est infiniment supérieure, sur laquelle ils n'ont aucune prise, et c'est à propos d'elle que je me suis formé sur place, à l'heure même, d'après des observations d'importance variable, mais toujours très positives, un jugement qui, je le répète, semblera d'une solidité invincible, lorsque je l'étayerai de *tout* ce que je retrouve, soit dans mes souvenirs, soit dans de vieilles notes dont, hier encore, je ne soupçonnais plus l'existence.

Actuellement, je m'en tiens à affirmer qu'à tel jour, qui pourrait être fixé avec précision, commencèrent à se manifester ouvertement certains phénomènes que, la veille, nul n'aurait pu apercevoir. Il s'agit de l'impulsion irrésistiblement imprimée, de l'élan persévéramment communiqué, du dévouement imposé à des chefs de tout grade et de tout ordre, soit civils, soit militaires, que la fatigue accablait et qui n'aspiraient qu'au repos. Il s'agit aussi de l'espoir suscité, de l'enthousiasme éveillé, de la confiance enjointe en quelque sorte à des masses qui, laissées à elles-mêmes, n'eussent songé qu'à subir passivement leur destinée. Ces divers mobiles, non seulement surgirent de façon distincte à l'heure que j'ai dit, mais ils se généralisèrent presque aussitôt pour s'accentuer ensuite avec rapidité. Assurément, ils n'étaient pas nouveaux dans le sens strict du mot. Il n'y a jamais, quelles que soient les apparences, d'improvisation en semblable matière. Mais ils différaient beaucoup, s'ils n'étaient pas tout à fait l'opposé, de l'état d'esprit qu'on aurait pu noter quelques jours plus tôt, par exemple, après les tristes épisodes des zouaves du plateau de Châtillon et des gardes nationaux de Montmédy. Ce détail mis hors de doute et sans y insister davantage, la matière étant brûlante pour un auditoire encore trop contemporain, vers qui ou vers quoi se tourner pour avoir la clé d'une transformation aussi profonde et radicale? Je dis radicale, je dis profonde, en ce sens que c'est d'elle qu'allait dépendre la solution heureuse ou malheureuse du problème national français. Mais, avant de répondre, assignons à ce terme sa véritable signification.

Vous savez ce que c'est qu'un bilan? C'est la balance (*bilancio*) établie entre les biens que possède, les créances que peut revendiquer et les dettes que doit solder un individu ou une collectivité.

Ces sortes d'inventaires généraux laissent en dehors une catégorie de valeurs fort difficiles à évaluer par des *item* au grand livre. Elles n'en sont pas moins très réelles et très appréciées. Elles s'appellent le bon renom, la probité immaculée, la signature égale à de l'or en barre. Vous les trouvez toujours comme élément fondamental de ce phénomène de formation exclusivement subjective : le Crédit. Or, au mois d'octobre 1870, le bilan de l'être collectif qui porte le nom de France présentait les plus fâcheuses indications quant à celles de ses parties susceptibles d'être exprimées en chiffres : le territoire, les villes fortifiées, les troupes régulières, les réserves publiques, soit en espèce, soit en nature. Tout ce capital matériel était pour ainsi dire hors de jeu ou à peu près. Nous étions battus et nous resterions battus.

Seulement, il y a, pour les nations, différentes manières d'être battues. Entre la défaite acceptée avec une trop prompte résignation, subie trop humblement, partant humiliante, et la défaite qui résiste encore, avide de revanche, énergique jusqu'au bout et dont les retours subits sont une source d'appréhension pour le vainqueur, tandis que le vaincu y puise le réconfort de sa dignité et la justification de son orgueil ; entre ces deux attitudes, dis-je, la distance est infinie. C'est au cours de circonstances de ce genre qu'il est plus aisé de discerner, dans son idéale réalité, une forme de richesse supérieure à toutes les richesses. Je l'appellerai le capital moral[1]. Parmi les peuples d'élite, ceux qui vivent au sein de la vraie cité — la cité assez compacte, consciente et unifiée pour mériter pleinement le noble, le doux, le tendre nom de patrie — ce capital-là passe avant tous les autres.

Nous avons vu qu'au mois d'octobre 1870 la richesse matérielle de la France était déplorablement compromise et pouvait bientôt être irrémédiablement anéantie. D'autre part, rien ne s'était produit qui pût être invoqué contre son haut renom de vertu militaire.

*\*.\**

Toutes les déclamations n'y serviront de rien. La guerre a cessé d'être, depuis deux mille ans, grâce à l'incorporation romaine, ce qu'elle avait été pendant des centaines de mille années, l'unique industrie organisée. Elle a graduellement perdu les trois quarts de son importance. Il en est d'elle comme du régime théologique qui, peu à peu, a été dépouillé de tout ce qui constituait sa prépondérance et sa force. Seulement ni l'un ni l'autre n'ayant été remplacés, et leurs fonctions étant intrinsèquement nécessaires, le militarisme et le théologisme, bien que ruinés à fond dans leurs parties essentielles, vivent cependant à la manière de ces chevaliers de l'Arioste, qui étaient morts et combattaient tout de même,

*Andavan combattendo ed eran morti.*

Leurs spectres agissent et agiront jusqu'à ce que les opinions régénérées et les mœurs réorganisées leur

---

[1]. La vraie nature du capital moral peut se mieux comprendre par l'emploi des faits historiques rapprochés et contrastés. Ainsi, lire une description bien authentique, *als augenzeuge*, de la physionomie de Berlin le 30 octobre 1806, quand les soldats français y entrèrent après la bataille d'Iéna. « Dans les rues une véritable foire... des jambons en quantité furent vendus... Jamais il n'a été fait et ne se fera plus autant d'affaires à Berlin... beaucoup de Berlinois jetèrent ce jour-là les bases de leur richesse future... » Lire ensuite quelque récit de consistance analogue, décrivant la physionomie de Paris le 1ᵉʳ mars 1871, quand les soldats allemands franchirent et dépassèrent de quelques kilomètres les fortifications.

aient substitué des réalités vivantes : à savoir, pour le théologisme, la religion fondée sur le dogme positif et démontrable; — pour le militarisme, l'industrie disciplinée et réglementée en vue de l'exploitation systématique de la planète. Ce sera l'enterrement de la théologie et l'enterrement — authentique — de la guerre. En attendant, en ce qui concerne cette dernière, qui seule nous occupe ici, tant que les peuples d'Occident, qui sont l'élite de l'humanité, se feront la guerre entre eux et la feront aux Jaunes et aux Noirs, la vertu militaire restera l'étalon principal de la noblesse et de la grandeur, puisqu'elle continuera à être la garantie indispensable de la dignité et de l'indépendance nationales.

*\*.*

Mise aux ordres d'une politique plus stupide encore qu'égoïste, notre armée, mal préparée, déplorablement commandée quant au commandement en chef, se montra, malgré tout, digne de sa vieille réputation. La richesse morale était donc intacte en dépit de tant de désastres. Qu'allions-nous faire?

Penser surtout à sauvegarder les débris du capital matériel?

Ou bien ne songer qu'à maintenir le capital moral à l'abri de toute diminution?

C'est cela que j'ai voulu dire quand j'ai parlé du « problème national français », un tel terme signifiant, dans sa précision mathématique, que la difficulté à résoudre consistait en cette option ; que l'obstacle à surmonter résidait là et pas ailleurs. Nous voici revenus aux différentes façons de supporter la défaite.

Après Sedan, une opinion dominait, sans qu'au surplus on l'examinât de bien près. L'idée que la guerre continuerait, que la résistance se prolongerait, que des armées nouvelles se constitueraient, ne se présentait nettement à personne. Quant à l'idée de Paris soutenant un siège avec ses quinze cent mille habitants, elle paraissait digne du général Boum. On ne songeait à rien céder, mais on ne supposait pas non plus que la lutte pût reprendre. De cet état brumeux des intelligences naquit l'imagination enfantine[1] — et combien de bouches graves et doctes la formulaient — que les chefs ennemis ayant déclaré dans des actes officiels qu'ils ne faisaient la guerre qu'à l'empereur Napoléon III, ils devaient se tenir pour satisfaits puisque l'Empire était à bas et l'empereur destitué. J'ai indiqué plus haut comment ces chimères pacifiques prirent subitement fin pour donner place à une série d'actes qui, des derniers jours d'octobre 1870 aux derniers jours de janvier 1871, tinrent l'envahisseur en échec. Je ne les apprécie ni dans leur valeur de conception, ni quant à leur mode d'exécution. Je me borne à remarquer que, grâce à eux, lorsque la France sortit du gouffre de malheur et de misère qui avait failli l'engloutir, elle apparut à tous les yeux[2] moralement plus saine, plus robuste, plus riche, son capital moral s'étant non pas simplement conservé, mais considérablement accru.

Le point de fait ainsi vidé, à quelle cause rapporter un

---

[1]. J'ai le regret de me rappeler qu'un certain jour Gambetta admit ou fit semblant d'admettre ce singulier argument. Il est vrai qu'il s'agissait de combattre un projet de convocation des électeurs. J'étais d'accord avec lui sur le fond de l'affaire : identité évidente entre des élections et une capitulation. Mais nous avions l'habitude de nous critiquer librement l'un l'autre. Il parlait debout, ce qui se faisait rarement autour de la table du conseil. J'étais derrière lui, appuyé au dossier de sa chaise. Je lui soufflai à l'oreille : « C'est un sophisme ! » Il s'arrêta un instant, puis à voix très vertement articulée : « C'est un sophisme ! fais-moi grâce de tes observations. » Ce qui me rendit très confus, car il ne m'avait jamais parlé de ce ton-là.

[2]. Cette expression « à *tous* les yeux » appelle peut-être quelques réserves. Ainsi, le futur prince impérial Frédéric-Charles ressentait une méprisante pitié à l'égard de « ces aventuriers » de la Défense nationale, assez fous pour « se ruiner eux-mêmes par point d'honneur, sous prétexte de ne pas céder l'Alsace et la Lorraine » (cf. Abek, personnage confidentiel). Mais l'opinion du héros chevaleresque — comme le qualifient les Allemands — que l'empereur Guillaume II eut pour père, ne ressembla en rien à celle qui allait régner en Europe. Je possède sur ce sujet des détails décisifs, pris en note quelques semaines après la signature de la paix de Francfort. J'occupais, à ce moment, un poste diplomatique très humble, où se traitaient cependant les affaires du monde entier par suite de la grande affluence des capitaux. Tout s'y traduit en « affaires », la sentimentalité étant rigoureusement tenue à l'écart. En outre l'impartialité et le franc-parler y sont si bien de mode, qu'on n'a pas peur, à l'occasion, de se montrer aigre et désagréable. Mes documents viennent de là. Ils sont solides, car je les confrontais fréquemment avec ceux que recueillait mon chef hiérarchique, le comte de Bourgoing, homme d'un esprit fort distingué et d'une étonnante largeur, bien qu'il fût le beau-frère du très obtus duc Albert de Broglie. C'est à M. de Bourgoing que nous devons une constatation bien définitive et irréfragable des actes de trahison du roi Louis XVI. (Voir : *Histoire diplomatique de l'Europe pendant la Révolution française*, t. I, 2ᵉ partie, où il montre que ce triste sire fut l'auteur principal et l'un des rédacteurs du manifeste de Brunswick.)

événement d'où devaient découler, d'où très certainement découlèrent d'inestimables avantages ?

On en désigne plusieurs. Moi, je n'en connais qu'une vraiment principale et générale. Sous le bénéfice de la remarque exprimée (p. vii) quant aux influences individuelles, lesquelles n'accomplissent jamais que ce qui a été antécédemment préparé, et ne tirent des choses que ce qu'elles contiennent, je fais tout remonter à l'œuvre dictatoriale de Léon Gambetta. Il serait très facile, affirme-t-on, d'y relever des maladresses, des lacunes, des incompétences, des erreurs. Cela me laisse indifférent. Je n'essaierai pas même d'arguer de l'appréciation en sens inverse, presque admirative, du général Trochu, peu suspect de complaisance [1]. Compétente ou incompétente, habile ou maladroite, c'est de la dictature, d'elle seule, que partit l'immense, l'étonnant, l'à jamais glorieux effort, si vigoureusement inauguré, si imperturbablement maintenu, si opiniâtrement prolongé, peut-être même au delà des bornes ; car les coups de reins de cette énergie s'accompagnent toujours de quelque excès. Sommes-nous d'accord là-dessus ? Alors tout va bien, comme disaient les électeurs marseillais à Gambetta. Je vous abandonne le reste.

*\*\**

**J'entends par « le reste » les allégations haineuses de l'enquête parlementaire, et les venimeuses interprétations**

---

1. J'avais écrit cette phrase sur le simple souvenir d'avoir entendu le général Trochu nous dire quelque chose d'analogue à Montagut et à moi. C'était à Bordeaux, où résidait alors l'Assemblée nationale. Nous étions allés lui rendre visite dans la maison d'un négociant breton comme lui, je crois. Le général ne m'avait pas encore retiré son amitié, comme il crut devoir le faire après ma nomination au consulat général d'Amsterdam, dans la supposition, bien fausse et injuste, que j'avais utilisé ma situation politique pour me faire donner un poste lucratif. Il était impitoyable sur ce chapitre, et il avait bien raison. La façon dont il me parla de la besogne accomplie par Gambetta me causa un vif plaisir. C'est tout ce que je m'en rappelais. Mais un ami qui revoit mes épreuves, en me les retournant, y joint l'extrait suivant que je me borne à reproduire : « Réunir des centaines de mille hommes dans de telles conditions, les équiper, les armer, les encadrer, leur trouver des chefs ; les organiser en bataillons, en régiments, en brigades, en divisions, en corps d'armée ; les pourvoir d'artillerie et de munitions ; mettre ces groupes improvisés en état de marcher, et presque aussitôt de tenter la fortune du combat..., c'est un tour de force de patriotisme général et d'énergie gouvernementale qui, dans d'autres temps et dans un autre pays, eût excité la plus vive et la plus légitime admiration. » (Trochu, *Œuvres posthumes*, t. I : *Siège de Paris*, p. 406.)

des « historiens » qui les ont industrieusement utilisées. En feuilletant à la hâte ces lourdes et louches paperasses que je n'avais jamais lues, il m'a paru qu'elles voudraient donner à croire que c'est le fait de la lutte déraisonnablement, sauvagement poursuivie après que Paris était sur le point de succomber, qui constitue la faute majeure alors commise. Rien de plus inexact, de plus court de vues, de plus contradictoire à la situation réelle. Ce n'est pas en janvier 1871 ou un peu avant, lorsque le délégué de Tours entra en désaccord avec le Gouvernement de Paris, que s'est posé le problème national français. Il était déjà vieux de plus de trois mois, et, grâces au ciel, il avait reçu sa principale solution par la manière dont ces trois mois venaient d'être employés. Dites-vous bien qu'aux premiers jours de la Défense, quand Jules Favre que je respecte fort, ou que M. Thiers à qui je ne refuse pas mon estime, de concert avec beaucoup d'autres, réclamaient des élections, tous ces gens-là, — le sachant ou ne le sachant pas, le voulant ou ne le voulant pas, — réclamaient la paix, une paix qui ne pouvait être faite avec honneur. Les formules variaient selon la nuance politique : « rendre hommage à la souveraineté du peuple »; ou bien « laisser parler la volonté nationale »; ou bien « consulter le pays ». Mais elles avaient toutes le même sens : faisons la paix. Traduites en actes législatifs, toutes elles auraient eu une même conséquence : la capitulation devant l'envahisseur; capitulation fort sage, je le veux bien, mais qui ne pouvait absolument pas satisfaire à l'honneur, comme on l'entend chez nous. Les allures de M. de Bismarck à Ferrières avaient mis cela en pleine évidence dès le 21 septembre. Cette extraordinairement périlleuse démarche de Favre, qui aurait pu si mal tourner, — elle eut au contraire des résultats aussi précieux qu'inattendus, l'excès de naïve et noble humilité de l'un des interlocuteurs ayant été tout à coup transformé en un acte héroïque par l'impudentissime grossièreté de l'autre[1], —

---

[1]. Quand je parle de grossièreté, de vulgarité, d'impudence, je ne fais pas de l'invective internationale, sentiment qui m'est tout à fait étranger et en désaccord avec notre théorie de l'Occidentalité. Je me tiens sur le terrain plus haut spécifié; je sais ce que je dis et je l'établirai. La possession d'un capital moral est aussi nécessaire aux hommes d'État qu'aux nations pour atteindre la vraie grandeur. Jules Favre, bafouillant ses sempiternelles éjaculations sur Dieu, la providence, le droit éternel et beaucoup d'autres généralités plus vides encore, a des

cette démarche, dis-je, fut naturellement interprétée par ce Prussien, — plus bas que terre à force de vulgarité morale et en dépit de sa splendide intelligence, — comme un indice de lâcheté. Il me semble y être et le voir, se disant *in petto*, pendant que Favre parlait et pleurait : « Ces fiers à bras ont peur; plus peur que nous à Iéna. C'est bon à savoir. On leur fera faire du chemin. » Aussi n'y eut-il jamais d'allégation plus erronée que celle de M. Thiers, prétendant que la paix aurait été moins coûteuse, si on l'eût signée en octobre. Moins coûteuse financièrement peut-être; territorialement..... Ils auraient réclamé Soissons. En voilà assez; ne quittons pas plus longtemps notre vrai sujet.

.*.

J'emprunterai cependant à cette digression ce qui concerne la faute commise pour n'avoir pas su se résigner « à temps ». Il est fort possible qu'il y ait eu une telle faute, et on pourrait en convenir, à condition de donner un sens plus fixe à ces mots « à temps », beaucoup trop indécis. Quant à moi, telle que je la comprends, la faute reprochée avait commencé à se produire dès l'heure où nous choisîmes le terme Défense pour caractériser l'œuvre du nouveau pouvoir.

paroles de bébé ou d'illuminé. Il ressemble à un ministre des affaires étrangères comme moi au pape Pie X. Mais sa simplicité, sa probité, sa douleur, son émotion sont admirables. En sorte que M. de Bismarck, quand il raconte ces scènes poignantes, en affirmant que le malheureux jouait la comédie des larmes et s'était « maquillé de taches verdâtres » afin d'émouvoir frauduleusement son auditoire, me semble [plus bas que terre, je le répète. Une imagination aussi salissante et malpropre n'a pu venir qu'à une âme de boue. L'infériorité théorique et intellectuelle du Français disparaît : en revanche, sa noblesse morale grandit miraculeusement rien que par le contraste avec l'immesurable bassesse du Prussien. Au surplus, M. de Bismarck a pris soin de nous renseigner lui-même sur le fait que son entourage domestique était bien, en ces matières, au même niveau que lui. Au prince Albert qui lui demandait des nouvelles de sa femme, il répond : « Elle se porte assez bien, sinon qu'elle souffre de sa haine féroce contre les Gaulois. Elle voudrait les voir tous morts, jusqu'aux petits enfants en bas âge. » On voit que M. de Bismarck était bien appareillé. Je voudrais bien savoir jusqu'à quels bas-fonds de nos quartiers les plus sauvages il nous faudrait descendre chez nous, pour y recueillir quelque chose qui ressemblât à ce ménage de loups. Il n'y a certes aucune intention de ma part à donner à ces considérations une portée englobant un peuple entier. Cependant, certains détails se tiennent et se rejoignent les uns les autres. Le langage d'ogresse d'une grande dame prussienne paraît moins abominable quand on se ressouvient que le très chrétien Guillaume II donnait pour mot d'ordre à ses soldats partant pour la Chine : *pas de quartier !*

Cela eut lieu dans la nuit du 4 au 5 septembre, alors que fut définitivement libellé le titre à donner au *Journal officiel*. Elle se renouvela bientôt, avec moins d'unanimité, il est vrai, mais de façon plus directe et plus réfléchie, lorsque ce même mot « défense » fut invoqué comme prouvant que les élections et les délibérations n'étaient désormais plus de mise et qu'elles ne devaient pas entraver l'action militaire, à quoi les assemblées n'ont rien à voir. Maintenant, dans ces deux cas comme dans ceux qui suivirent, s'il est quelqu'un qu'on puisse accuser d'avoir sans cesse et énergiquement repoussé toute tendance pacifique déguisée ou avouée, ce fut Gambetta. Je ne voudrais pas dire qu'il fut seul à agir ainsi. Le ciel me garde de contester le rôle de telles et telles activités secondaires. Je ne voudrais pas non plus insinuer que le milieu général le laissa sans stimulant et sans soutien. Je lis dans une circulaire qui m'est parvenue hier (27 février, *Comité bordelais...*) que le peuple était alors « vaincu, mais non découragé ». On fait bien d'articuler fièrement ces choses-là dans les cérémonies publiques et quand les circonstances les réclament. Je maintiens simplement et j'établirai ailleurs que la résistance avait été tout d'abord estimée impossible et que si le poignant exposé du voyage à Ferrières avait secoué les cœurs et préparé les esprits à une crise vraiment désirable et urgente, cette crise ne se dessina qu'après que Léon Gambetta eut accompli sa sortie en ballon et pris en main la haute direction des affaires.

Par son premier acte, il écartait irrévocablement le système des déclarations de se battre à outrance, combinées avec des agissements où la métaphysique et la théologie, les invocations à Dieu et à la souveraineté du peuple s'unissaient pour paralyser toute réelle activité. Avec lui entre en scène la vraie guerre, celle qui s'occupe non de négocier, mais de combattre. Il l'avait toujours voulue : « Ma mission est la guerre à outrance, » disait-il. C'était pour lui une conviction entière qu'en cela seul consistait le rôle du pouvoir institué le 4 septembre. En outre, il comptait pleinement sur la réussite, non pas prochaine ni facile, mais cependant assurée d'un tel programme, s'il était appliqué avec une inébranlable ténacité. Et comme il disposait d'un don de sympathie vraiment extraordinaire, lorsque la nation l'entendit ainsi parler, elle se sentit très profondément remuée, le laissant dire sans contradiction qu'une assemblée serait inévitablement et honteusement pacifique. Selon la locution anglaise, les échelles étaient renversées. On ne croyait à rien, on n'espérait rien. On se mit à croire à tout et à tout espérer ; à trop espérer.

Un semblable contraste vous paraît forcé ; c'est que je le résume en deux lignes, et il en exigerait quarante. Sans doute, je l'ai déjà remarqué, étroites sont les limites en dedans desquelles une capacité isolée peut obtenir des effets modificateurs. Mais, d'autre part, — sans compter les complicités qu'on ignore, qui s'ignorent, qui ne se montrent pas et pourtant existent, — lorsque le milieu est troublé, démonté, dérouté, il donne sur lui de bien puissantes prises à un homme supérieur, sachant bien ce qu'il veut et résolu à l'obtenir. En ce cas-là, des milliers et des millions de velléités vagues, de mobiles et confuses perplexités ne pèsent rien dans la balance au prix d'un vouloir inébranlable. Et puis, vit-on jamais les actions d'un tel ordre devenir efficaces sans avoir d'abord rencontré l'être exceptionnel capable de ramasser les énergies éparses, de les coordonner, de les faire durer ? C'est un axiome de sociologie positive que la force, pour devenir valable, doit se condenser en un organe individuel. Gambetta fut l'homme central de cette résistance que les sages taxaient de folie. Après tout, peut-être en avaient-ils le droit ? Je suis, quant à moi, contraint par la sincérité de mes souvenirs, de témoigner qu'à l'amour passionné que lui inspirait la France, se joignait chez Gambetta une confiance dans le succès, tellement entière et exclusive qu'elle confinait à l'aveuglement et au déséquilibre mental. En tout cas, comme de notre temps la foi portée à ce degré n'est pas un phénomène qui coure les rues, les gens de sens rassis purent bien la considérer comme une marque de dérangement. Mais nous, que la fièvre avait plus ou moins subjugués, ce que nous devons à cet aveuglement, qui l'exprimera en termes suffisamment forts ? Et quel bonheur ç'a été que Gambetta se soit montré un peu fou !

Le 7 octobre 1870, jour où il prit terre à Montdidier, s'il eût été atteint par la maladie, par la captivité ou par la mort, les membres futurs de la future Assemblée nationale — carlistes, orléanistes, conservateurs sans cocarde ou républicains trop nerveux — auraient sans doute pu dormir plus tranquilles, car, indubitablement, l'auteur de la fameuse « faute », son auteur principal, véritable, unique, n'eût pas été remplacé.

Ce qu'il y avait à faire, nul que lui ne pouvait le faire. J'ai aligné souvent les noms les plus plausibles, je les ai longuement soupesés ; essayez, vous verrez le résultat. C'est un des vices les plus fâcheux, propres à l'imbécillité démocratique, de ne pas savoir concilier la notion du grand homme, de l'homme nécessaire, avec cette autre notion tout aussi sûre, qu'un grand homme n'est jamais que la concentration d'une masse active et méritante. Aussi les gaspillages de capacités, toujours si rares, telles que Jules Ferry et Léon Gambetta, sont-ils une grande honte pour le pays qui les laisse s'accomplir, ou, chose plus stupidement immorale, qui honore et caresse les auteurs de ces coupables dilapidations. Au besoin, on aurait pu rencontrer chez d'autres le patriotisme intense, l'activité réfléchie et soutenue dont fit preuve Gambetta. Mais il y joignit, ainsi que je viens de le dire, la foi exubérante, enragée, sauvage, et aussi comme on le verra ailleurs, la sympathie puissamment, irrésistiblement communicative. Une telle réunion de qualités presque contradictoires ne saurait se retrouver deux fois en un même moment. Cependant elle était indispensable pour affronter une besogne qui, véritablement, se présentait comme absurde et désespérée. C'est pourquoi il n'est pas douteux que, lui disparu, la France, ainsi débarrassée de son fou, serait elle-même devenue raisonnable. On l'aurait vue paisiblement prendre place parmi les peuples que la défaite stupéfie et que l'infortune dégrade.

*\*\**

Maintenant, voulez-vous qu'empiétant imperceptiblement sur ma « seconde partie », je vous raconte, en grand abrégé, ma dernière entrevue avec Gambetta? Partis de Paris, Jules Simon et moi, à une heure très matinale, le 30 janvier 1871, nous avions mis deux jours pour faire un voyage qui s'accomplit d'ordinaire en neuf ou dix heures. Nous descendîmes à l'hôtel Sansot pour nous rendre plus vite à la Préfecture. Il n'y avait que la rue à traverser. Mais dans ce court trajet, je fus arrêté dix fois, vingt fois peut-être, par des « amis » qui, sans une parole de bienveillance, pas même de politesse, me disaient : « Est-il vrai que Paris a capitulé? » avec un accent qui signifiait : « Vous êtes donc des lâches ! » J'ai vu un certain nombre de faits analogues au cours de ma longue vie. J'apercevais sur les trottoirs, car la saison était très douce, les tables chargées de mets succulents, et ceux qui m'interpellaient venaient sans doute de les quitter ou allaient s'y asseoir, sans songer que, nous, nous n'avions mangé que du pain d'avoine depuis six semaines. Paris, d'où je sortais, avait pris sur les boulevards l'aspect d'une station médicale remplie d'aliénés en proie au délire des grandeurs et parlant tous tactique et stratégie comme de vrais généralissimes. Du moins avaient-ils pour excuse, les Parisiens, leur énervante inactivité, le froid excessif, les privations, la fièvre obsidionale; tandis que nos Bordelais, chaudement vêtus sous leur clair soleil et bien repus, étaient, pour la plupart, fructueusement occupés et même faisaient de bonnes affaires. J'ai gardé de cela une impression peu agréable, tout en me rendant compte que ce que j'avais sous les yeux, cette intransigeance à bon marché dont les hurlements faisaient retentir la voie publique, c'était le principe mécanique de l'action et de la réaction, l'inévitable contrepartie de l'exorbitant effort réalisé trois mois en çà et que j'ai décrit tout à l'heure avec admiration. Oui, Paris avait capitulé; même trop tard, comme j'en avais eu la preuve sous les yeux, en participant avec Ferry et Cernuschi à un article sur l'état de l'approvisionnement que publia l'*Officiel*. A vrai dire, on avait risqué de livrer à la famine quinze cent mille hommes, femmes et enfants, déjà bien débilités. C'est le revers de la médaille, le noir contre-coup de la surhumaine tension qui, précédemment, avait produit de si précieux résultats. On n'a rien pour rien; le capital moral coûte très cher. Quoi qu'il en soit, notre entrevue officielle terminée, je réussis à arracher, le mot n'est pas trop fort, à Gambetta, qui voulait me faire dîner avec tout le monde, la promesse de nous voir le soir en l'absence de témoins. Outre que j'y étais poussé par mon affection, j'espérais beaucoup de ce que je me proposais de lui dire avec notre pleine confiance habituelle. Quand, vers huit heures du soir, il entra dans la pièce où je l'attendais, j'allai vers lui avec élan; il me laissa prendre sa main dans les deux miennes, et, sans la quitter, je lui dis, croyant plaisanter : « Sais-tu que tes employés nous ont accueillis ce matin comme si nous étions des Prussiens! » Il m'arracha sa main et s'éloigna brusquement, le regard tout à coup devenu très dur : « Mais vous êtes pires que des Prussiens! » cria-t-il. Et dans les paroles qui suivirent, comme dans celles dont il accabla mes très faibles tentatives pour élever quelques objections, je dus constater qu'il était hanté par l'idée d'une résistance de bourg à bourg, de village à village, quelque chose comme les luttes de Pologne en 1793 ou de l'Espagne en 1812. Un pays où on ne peut faire dix kilomètres sans rencontrer quelque centre important d'industrie, de richesse et de civilisation n'est pas disposé pour de telles épreuves. Jusque-là je lui avais toujours donné raison, ou plutôt j'étais resté en fidèle accord avec lui quant aux vues qu'il m'avait dès longtemps moins communiquées qu'inculquées; car, sur ce terrain, j'étais son élève. Jules Simon le savait, le général Trochu aussi qui, par suite, m'adjura solennellement en plein conseil de ne pas me séparer de mon chef hiérarchique quoi qu'il pût advenir. Mais de la façon dont Gambetta prenait les choses, il n'y avait pas de danger. Après Paris rendu, soit bon sens, soit faiblesse d'âme, j'étais incapable de le suivre dans la direction qu'il semblait vouloir prendre. Mais je n'eus pas non plus le courage de formuler les observations auxquelles j'avais si profondément pensé. Son immense sincérité, sa conviction passionnée produisaient en moi une véritable souffrance. Je laissai se répandre ce torrent de paroles enflammées sans en relever aucune. Je ne les ai point oubliées. Au contraire, je les ai fixées très solidement. On verra quelle place tenait dans cette âme de feu l'amour indéracinable, illimité de la France. Qu'elle pût céder, qu'elle fût humiliée, il le tenait pour impossible; et cela, au surplus, n'exigeait pas autant d'illusion qu'on pourrait croire, attendu que, très tranquillement, il était assuré qu'elle resterait toujours forte, grande et glorieuse. Aussi ceux qui ont écrit et ceux qui répètent que son intransigeance n'était rien que l'envie de prolonger sa dictature, sont-ils, par la misère de leur pensée, au-dessous de toute réfutation.

———

*Je ne crois pas qu'il faille s'alarmer de l'incident judiciaire de Bordeaux.* [Lettre I, p. 4.] — Dans le département de la Gironde, les élections de 1869 avaient abouti pour moi à la défaite. Mais le gouvernement n'en sortait pas moins très déconfit, Amédée Larrieu et Jules Simon ayant été élus, ce dernier dans une circonscription où la victoire semblait impossible. Mais quel merveilleux, quel incomparable candidat que Simon! Tout battu que j'étais, on avait vu la part sérieuse que j'avais prise à la bataille en général, et puis on savait bien que c'était par moi que Jules Simon avait été amené à Bordeaux; et par mon influence qu'il s'était risqué à une aventure où l'échec très possible, presque probable, lui aurait causé beaucoup de tort. De là des ressentiments très vifs qui venaient s'ajouter à bien d'autres d'ancienne date contre la *Gironde* et contre moi. Le préfet régnant, plusieurs fois meurtri, m'avait voué une haine personnelle. Toujours jurant et sacrant, comme un major de table d'hôte, il avait l'idée fixe de me fermer tout à fait la carrière des élections. Il eut recours pour cela à un procédé spécial à cette époque, et qu'on appelait les « blouses blanches ». Ces blouses, c'étaient de prétendus ouvriers démocrates, qui s'arrangeaient de façon à faire le plus de tort possible aux hommes politiques républicains. Paris connaissait à fond ce genre d'exercice. Les élus de 1869 eurent beaucoup à en souffrir. On les convoquait impérieusement à des réunions, avec le dessein unique de les injurier. Gambetta ne se prêtait guère à ces comédies démocratiques qui contredisaient ses plus fermes théories sur la dignité et l'indépendance du représentant. (Cf. Lettre XII, p. 34.) Dans une circonstance de ce genre, quelqu'un ayant demandé pourquoi il n'était pas présent, Bancel crut bien faire en disant qu'il était malade de la gorge. Sur quoi, une voix du fond de la salle de crier : « Il a la vérole! » C'est Pelletan qui me raconta ce fait ; et j'eus le tort de le répéter à Gambetta.

A Bordeaux, à l'occasion de la mise en œuvre d'un système de trams, destiné à rendre plus sûre et plus prompte la manipulation des gros colis sur les quais, les ouvriers du port, se croyant lésés, tentèrent d'empêcher les camions de circuler sur la nouvelle voie. L'affaire était déjà assez chaude en elle-même ; mais les « blouses blanches » se chargèrent de la corser. Il y eut des violences, des bagarres et des coups, pendant que l'on criait mon nom comme celui d'un chef. Ces faits furent l'objet d'une longue lettre, insérée par le *Moniteur* et rédigée par un honnête correspondant, qui prétendait avoir recueilli, de ses oreilles, le morceau de poésie que voici :

> Tant que Lavertujon existera,
> La gouape, la gouape,
> Tant que Lavertujon existera,
> La gouape lui appartiendra.

Il est bien inutile de dire que ce couplet ne fut jamais chanté et que j'étais parfaitement étranger à l'émeute des quais. C'est pourtant à cette occasion ou du moins à ce moment-là, sans que je puisse me bien rappeler le prétexte, que je fus poursuivi et condamné à trois semaines de prison. On aurait voulu une peine un peu moins douce : un mois par exemple, et alors je devenais inéligible. Mais les juges, eux, ne voulurent pas. Or, lorsque surgit ma candidature parisienne, de bons amis s'avisèrent que je n'avais obtenu l'indulgence du tribunal qu'en faisant montre d'une soumission excessive. Voilà à quoi correspondent les préoccupations de Gambetta sur ce qu'il appelle « l'incident judiciaire de Bordeaux ».

*Bonjour à Montagut.* [Lettre II, p. 4, *in fine.*] — Charles Montagut, capitaine d'artillerie, démissionnaire après le 2 décembre, était Périgourdin de Périgueux comme moi, et ancien commissaire du gouvernement dans la Dordogne en 1848. Pendant le siège, il fut chef d'état-major de la garde nationale de Paris. Il avait fondé, avec quelques-uns des hommes les plus importants de l'ancien *National,* — Kaylus, Charles Thomas, Duras, le remplaçant d'Armand Marrast, — une maison de commerce, qui avait des bureaux à Bordeaux en même temps qu'à Paris, et qui faisait des affaires avec les États-Unis. Quand je vins à Bordeaux, en 1855, dans des circonstances exceptionnelles, Montagut, qui m'avait vu tout jeune au *Républicain de la Dordogne,* ne s'empressa pas de me faire visite. Il avait toute raison de supposer que mon républicanisme de la dix-neuvième année devait avoir été mis de côté, puisque je me hasardais dans le journalisme à une heure pareille. Ce n'est que plus tard que je le vis venir à moi, après que, sans tapage ni étalage, j'eus renversé la municipalité installée à Bordeaux depuis le 2 décembre, créé un mouvement qui donna naissance à un Conseil municipal où les républicains dominaient et fait nommer député un M. Curé, dernier maire de Bordeaux sous la République et élu à ce titre. S'il ne s'était dérobé à tous ses devoirs, ce Curé-là aurait dû être le sixième du groupe fameux qui, par suite de sa défaillance, dut être appelé : *Les Cinq.* Quand, exaspéré contre ce renégat, je posai ma candidature contre lui en 1863, c'est Montagut qui fut mon principal meneur. Je ne connaissais personne à Bordeaux ; personne surtout qui voulût encourir les pertes de temps, les dépenses et les embarras de tout genre qu'entraînait le patronage d'un républicain étranger au pays et sans le sou.

Il avait, au surplus, fort hésité, étant abstentionniste comme presque tous les anciens républicains. Même après s'être engagé, il faillit reculer, sur les observations du colonel Charras de qui il avait sollicité une lettre de recommandation à communiquer aux électeurs, à mon profit. Charras m'avait donné bien des preuves d'amitié. J'ai une lettre de lui, un titre de noblesse, où il me dit : « Vos articles me rappellent Armand Carrel. » Mais, précisément parce qu'il pensait ainsi de moi, il ne voulait pas — écrivait-il à Montagut — « contribuer à ce qu'il aille se galvauder dans cet ignoble Corps législatif ». Heureusement pour ma candidature, Montagut surmonta cette objection, fort sérieuse d'ailleurs au point de vue moral, — car l'humiliation était grande de se lier par serment à un être aussi dégradé civiquement que Napoléon III. Venu beaucoup plus tard à l'activité politique, Gambetta riait beaucoup quand je lui racontais ces détails : « Ils étaient tous détraqués, disait-il ; Proudhon plus que tous les autres. Je voudrais bien savoir ce que pouvait peser la plus belle attitude de refus de serment, à côté de la bataille que tu livras et que tu gagnas, moins 40 voix, contre l'ex-préfet de police Pietri. » (Cf. Lettre IX, p. 26.) Le récit que j'avais fait à Gambetta se reliait à une affaire où nous avions été mêlés, l'un et l'autre, sans le savoir ; car à cette époque-là, nous ne nous connaissions pas. M. Tamisier, officier démissionnaire comme Montagut, dirigeait à Périgueux des services importants, en qualité d'ingénieur de la Compagnie d'Orléans. Il s'était acquis une grande influence parmi les ouvriers, et il eut l'idée, étant grand lecteur de la *Gironde*, d'en tirer profit pour poser ma candidature dans cette circonscription de la Dordogne. Mais quand vint le moment d'accepter et d'agir en conséquence, je reculai, ayant déjà plus que ma charge par le fait de ma candidature bordelaise. Si je racontais avec un peu de détails quelle était alors la situation d'un candidat opposant, surtout dans les districts ruraux, les politiciens d'aujourd'hui seraient quelque peu étonnés. Je me suis vu mettre « à la porte » d'une grande commune, littéralement, par un maire qui me reprochait de jeter le désordre parmi ses administrés parce que je voulais faire une réunion publique ! Je remerciai donc Tamisier en le priant de reporter sur Prévost-Paradol les bonnes intentions qu'il avait à mon endroit. Tamisier me renvoya promener. Il n'avait pas de temps à perdre au bénéfice d'un orléaniste, me dit-il. Néanmoins, beaucoup de très bons républicains pensaient alors qu'il fallait chaudement soutenir toute candidature d'opposition, justifiée par le talent, si elle était libérale. Gambetta était de cet avis, paraît-il. Il le prouva en soutenant de toutes ses forces — qui alors étaient assez faibles — précisément la candidature de Prévost-Paradol à Paris. Il fut et il a été longtemps attaqué et gourmandé pour cet accroc à la pureté des doctrines. Dréo, le gendre de Garnier-Pagès, lui en fit un crime jusqu'au dernier moment.

J'avais mis Montagut en relations avec Gambetta. Il est plusieurs fois nommé dans cette correspondance. C'est chez lui, par mon intermédiaire, que se tint, presqu'à la veille du 4 septembre, entre Gambetta et Ledru-Rollin une rencontre dont, je crois bien, il n'a jamais été parlé et qui ne paraîtra pas dépourvue d'intérêt quand j'en donnerai le détail. Assistaient à ce déjeuner — car ce fut un déjeuner — Montagut, comme maître de maison, Ledru-Rollin, Victor Schœlcher, Gambetta et moi. (Voyez plus loin ce que j'en dis à propos d'un passage de la lettre XIII : « il faut se débarrasser des anciens. »)

C'est par Montagut que je fus mis au courant de la façon graduelle dont se changèrent les sentiments de Gambetta à mon égard. Quand il lui dit : « André ne veut plus du journalisme à aucun prix ; il a demandé à M. Thiers le consulat général d'Amsterdam, » Gambetta répondit : « Ça n'a pas le sens commun. » Un peu plus tard, lorsque Montagut prononçait mon nom, Gambetta n'ouvrait plus la bouche. Le dernier renseignement fut celui-ci : « Jusqu'à présent l'entourage vous attaquait sans pitié, se moquant fort de moi pour l'estime que je persistais à vous porter. Mais cela ne se produisait jamais en présence de Gambetta. Ces jours-ci, le vent a tourné. Les attaques pleuvent. Gambetta laisse dire. Ils ont trouvé, prétendent-ils, une lettre qui met à nu votre trahison. » A cette époque, Montagut, absorbé par le travail de sa maison, Charles Thomas et Duras étant morts, prenait à peine quelques minutes pour parcourir les journaux. Je faisais de même. Ni lui ni moi ne sûmes alors de quelle lettre il s'agissait. Je ne l'ai compris que bien plus tard, quand me fut envoyé un extrait du rapport Chaper sur les soi-disant « procès-verbaux » du Gouvernement de la Défense nationale. J'étais victime de l'indiscrète légèreté d'Hérold, mon grand ami pourtant, et de l'innocente maladresse de Dréo, qu'aiguisait, dans ce cas particulier, sa sourde et constante inimitié contre Gambetta. Faire mal parler de lui par moi que l'on connaissait comme son ami le plus intime, ce dut être un régal pour ce Breton sournois. Mais c'est là une matière ajournée ou plutôt réservée pour notre « seconde partie ».

Au moment où Montagut me racontait ce que je viens de rapporter, nous étions chez moi, au milieu du désordre d'un déménagement. Une grande caisse se trouvait là tout ouverte où depuis quinze années je jetais presque toutes mes lettres. Je mis la main assez aisément sur un gros paquet et je dis à Montagut : « Feuilletez cela; de préférence la chemise bleue, pendant que j'achève mon article et que le déjeuner se prépare. » Puis je le laissai à sa lecture pendant trois quarts d'heure. Il n'avait pas l'air de s'ennuyer.

Montagut, toujours un peu raide avec tout le monde, n'était pas du tout porté à la tendresse envers moi. Il me traitait de très haut; d'abord parce que, issu de vieille bourgeoisie territoriale et mon père n'étant qu'un maître imprimeur, il voyait en moi un fils d'ouvrier arrivé à valoir quelque chose à force de travail personnel. Ensuite parce que, républicain austère et strict, ayant le dégoût des démagogues, il m'avait vu, égaré dès mes premiers pas, me lancer dans le « proudhonisme », faire voter pour Raspail et siéger, à titre de délégué du IIIe arrondissement, dans ce comité démocratique-socialiste fameux sous le nom de « Conclave rouge », et qui fut pendant trois ans le maître électoral de Paris. Aussi, fus-je frappé de l'air exceptionnellement ému et solennel qu'il avait lorsque, après avoir replacé les papiers dans leur gaîne, il me dit : « Je vous sais honnête. Je vous ai même reproché de l'être inutilement et inconsidérément; il n'est pas toujours sage de tout dire. Êtes-vous bien sûr de n'avoir rien fait pour provoquer ce qui arrive? Quoique je ne connaisse pas Gambetta intimement, il ne me paraît pas homme à avoir passé sans motifs sérieux de l'amitié, évidemment entière et profonde, que respirent ces lettres, à l'animosité que j'ai vu poindre

et qui, maintenant, ne se dissimule plus. Faites devant moi votre examen de conscience. Je serai votre juge. »
Je répondis.....

*\**

On lira le paragraphe de la « dernière partie » de ce travail, où je raconte, — c'est la clé de tout, — le voyage que je fis à Bordeaux par le premier train sorti de Paris assiégé (le 31 janvier 1871), à titre de soi-disant *alter ego* de Jules Simon, porteur des pleins pouvoirs du gouvernement. J'y raconte aussi un autre voyage en sens inverse, par le train spécial qui ramenait à Paris M. Thiers, le nouveau chef du pouvoir exécutif, accompagné seulement du général Trochu, de Jules Simon, du fils cadet de Jules Simon et de moi.

*\**

Charles Montagut avait pris, en 1873, toutes les mesures pour se retirer des affaires et probablement entrer de façon plus directe dans la politique. Mais il dut traverser l'Atlantique une dernière fois; et, au retour, il périt avec sa femme et sa fille dans le désastre de la *Ville-du-Havre*, engloutie corps et biens le 22 novembre 1873. Je perdais en lui non pas un ami bien tendre, mais un témoin sévère et équitable qui aurait pu, en certains cas, m'épargner bien des déboires. Ses lettres me restent.

---

*a) ... Les conditions de sévérité politique que nous voudrions imposer à ton nouvel organe.* [Lettre I, p. 4.]

*b) ... Il ne faut pas ... aller jusqu'à la suppression de l'idée d'État, de gouvernement social initiateur et protecteur.* [Lettre IV, p. 10.]

*c) ... Nous avons besoin d'acquérir encore plus de crédit et de notoriété conservatrice.* [Lettre V, p. 17.]

*d) ... Compromettre ma réputation de modéré.* [Lettre XIII, p. 38.]

*e) ... Les prochaines élections de Paris seront décisives... Il en sortira un chef; j'en suis sûr.* [Lettre XI, p. 31.]

*f) Les vrais coupables... sont ceux qui... ne savent ni commander ni obéir.* [Lettre XIV, p. 41.]

*g) On verra... qu'on a devant soi un homme de gouvernement.* [Lettre VII, p. 21.]

*h) ... il faut que Bonaparte dure trois ans.* [Lettre VII, p. 21.]
*i) ... le parti républicain est à refondre.* [Lettre XI, p. 31.]
*j) ... se débarrasser des anciens.* [Lettre XIII, p. 38.] — Je ramasse en une seule série ces énoncés qui, tous, tendent à une doctrine hautement et positivement conservatrice. Un des côtés intéressants de nos lettres, c'est l'abondance de documents qu'on y relève pour établir comment Léon Gambetta, entré sur la scène politique sans préparation apparente, en coup de vent, et avec l'adhésion enthousiaste que son langage alti-sonnant avait suscitée parmi les éléments les moins disciplinés, était pourtant, dès ce moment-là, un homme d'ordre, de conservation réfléchie, systématique et résolue. C'est là un sujet qui correspond bien à mon plan de le montrer tel qu'il était « virtuellement », en examinant ce qu'originairement il pouvait faire, sans chercher à savoir ce qu'il a fait. Sans doute, des formules comme celles que je cite, empreintes de l'esprit d'ordre et de conservation, paraîtraient ailleurs courantes et banales. Mais dans un milieu où le désordre mental — trait commun au surplus de toute notre époque — se déroulait bride abattue en multipliant les incohérences, elles constituent une remarquable et précieuse originalité. Cependant, je n'en parlerai d'abord qu'en écartant tout éloge exclusif, afin d'indiquer que l'état d'esprit décelé par ces textes était, au fond, sauf la hardiesse et la vigueur, celui des meilleurs chefs républicains. Sans doute, ils se considéraient, avec pleine certitude, comme les successeurs incontestés et directs de ce triste régime impérial, mieux appelé par Comte le régime « mamamouchique ». Ils estimaient très proche l'époque où se produirait l'inévitable échéance. Mais, d'autre part, ils n'étaient nullement portés à la précipiter. L'idée que, cette fois, la République, à son troisième avènement officiel, — au lieu de se présenter sous l'aspect d'un ouragan, bouleversant la rue et brouillant les cervelles, devait apparaître comme une promesse de paix, une garantie de sécurité, un asile de repos, — était générale parmi eux. Seulement, je le répète, cette conception exerçait son empire sur l'esprit du plus jeune d'entre eux avec plus de force et de méthode. Ainsi s'explique la fréquence dans

nos lettres de mots tels que celui-ci : « nous avons besoin de crédit et de notoriété conservatrice ; » ou bien : « tu dois être un homme de gouvernement ; » ou bien : « il faut un chef ; » ou bien encore : « il est nécessaire que Bonaparte dure au moins trois années. »

*<br>* *

En ce qui concerne l'attitude correcte et régulière de l'opposition, je ne crois pas qu'on ait jamais moins déclamé en France que sous le second Empire. Je parle en témoin et je parle de moi, selon une habitude qui finira, je le crains, par vous agacer. Mais elle découle de la situation. Longtemps j'ai passé pour avoir été un des adversaires — on les comptait sur les doigts — les plus résolus et les plus acharnés de ce régime ; et il ne me semble pas que j'aie jamais fait ce qu'on appelle des phrases. De 1852 à 1860, ça allait de soi, le silence étant organisé avec poires d'angoisse, bâillons et écrous d'une ingéniosité sans pareille. Mais quand la lutte put un peu commencer, je ne sais aucune époque où le pouvoir ait été attaqué par des moyens plus honnêtes, plus modérés et plus loyaux. Sous ce rapport, la comparaison avec les polémiques du temps de Louis-Philippe ne laisse subsister aucun doute. Quand je voudrai, il me sera facile d'établir que la vraie sagesse politique, celle qui place les intérêts permanents au-dessus des satisfactions immédiates, n'a jamais été plus bravement et courageusement appliquée que par les républicains de ce temps-là. Ç'avait été le thème de Guizot et autres doctrinaires sans doctrine — fort admirés, hélas! des classes « dirigeantes », qu'ils réduisirent à n'être que des classes « résistantes » — que la République, gouvernement fort beau en soi, serait toujours, en France, une utopie irréalisable. Alors que notre pays, aussi bien en 1830 qu'en 1848, était la seule contrée, je ne dis pas de l'Europe, mais de la planète, vraiment préparée à ce régime. Ces aveugles ne voyaient pas que la République, fondée essentiellement en 1792, était restée, depuis lors, la base unique et nécessaire des intérêts conservateurs positivement conçus, le progrès que tout le monde souhaite « ne pouvant cesser d'être anarchique que si l'ordre cessait d'être rétrograde », et réciproquement. Or, c'est ce que devinaient, par intuition plutôt que par conception, les hommes dont je parlais tout à l'heure; et c'est pour cela qu'en dépit de tant de faiblesses, d'impérities et d'incohérences, — car je ne songe point à prétendre qu'ils aient été sans péché, — ils surent opportunément se montrer assez sages pour gagner le cœur du grand public impartial.

*<br>* *

Je viens de dire que les inspirations de leur sagesse avaient été bravement et courageusement mises en pratique. Quand je m'exprime ainsi, je me reporte en mémoire aux cruelles journées qui précédèrent et qui suivirent, à Paris, la nouvelle du désastre de Sedan. Les efforts, tentés alors pour que la transmission des fonctions exécutives fût aussi peu irrégulière que possible, et que la continuité du suffrage national fût sauvegardée, n'ont pu être contestés qu'à l'aide de sophismes méprisables, quoique leurs auteurs fussent des gens d'une impeccable respectabilité. Ces efforts, auxquels participèrent tous les chefs républicains, furent très énergiquement secondés par Gambetta. S'ils échouèrent, c'est que les partisans de la soi-disant dynastie qui s'effondrait les firent échouer. Je suis, d'ailleurs, trop honnête pour ne pas confesser que leur obstination s'excusait par un motif honorable. Ils ne purent se résigner à prononcer la déchéance du pouvoir dont ils avaient été les fidèles en temps heureux. Et si l'on veut apprécier à sa valeur une telle attitude, on n'a qu'à se ressouvenir du répugnant spectacle qu'offrit en 1814 le Corps législatif si « dévoué » à Napoléon I$^{er}$. Ce point de fait constaté, — il fortifie ma thèse, — c'est violenter la langue et le sens commun que d'appliquer aux événements du 4 septembre le nom, toujours trop légèrement prodigué, de révolution. Certes on en fait un emploi inexact quand on s'en sert pour désigner les mutations de dictatures qui se sont produites chez nous depuis la fin du grand gouvernement conventionnel. Le terme a une portée singulièrement moins restreinte; et la chose qu'il indique est infiniment plus rare. Mais même en laissant de côté cette observation dont nos historiens à la douzaine devraient un peu plus tenir compte, je trouve parfaitement ridicule de qualifier de « révolutionnaires » des incidents où il ne fut ni tiré un coup de canon ou un coup de fusil, ni frappé un coup de sabre, ni lancé un coup de baïonnette, ni donné à qui que ce soit l'ombre d'une chiquenaude. Sur ce chapitre aussi je puis parler en témoin oculaire et raconter tout ce qu'il m'a été permis de voir en fait de violences soit de langage, soit d'action.

Quand partis du Palais-Bourbon, Ferry et Favre en tête, nous suivîmes la rive droite de la Seine et que nous aperçûmes le Palais des Tuileries, — c'était un peu avant de rencontrer le général Trochu, — quelqu'un, un précurseur des façons de parler qui, actuellement, triomphent, constata à haute et brutale voix l'absence du drapeau tricolore à la cime du palais par ces mots : « Elle est partie, la garce ! » Il n'y eut pas un écho; pas un rire ; et véritablement, si l'on pense au rôle pernicieux joué par cette Espagnole qui avait contraint son mari, malade et imbécile, à faire « sa guerre », il faut bien avouer que le peuple ne se montrait pas rancuneux. Voilà pour les excès de parole. Un quart d'heure plus tard, nous arrivions devant l'Hôtel de Ville. Prudemment, le concierge avait fermé la grille basse qui entourait l'édifice. Jules Ferry, ayant constaté l'obstacle, dit d'une voix forte : « Arrachez cela ! » ce qui fut fait aussitôt. Voilà pour les excès d'action. A ces deux incidents se bornent mes souvenirs; et après les avoir remémorés, j'éprouve encore plus de peine à admettre que j'aie, ce jour-là, participé à une révolution.

*<br>* *

Maintenant, il me déplairait beaucoup que vous puissiez croire que je vois dans ces circonstances matière à plaisanterie. Le fait de substituer un gouvernement à un autre sans bataille civile, sans canonnade, sans fusillade, et, même on peut dire sans trouble d'aucune espèce, était tout nouveau dans notre histoire. C'est pourquoi le 4 septembre est une date à bénir et à révérer. Grâces au ciel, l'ère des bouscu-

lades périodiques, qui furent trop longtemps la malédiction
de ce pays, était close. Les gouvernements n'ont certes pas
cessé de changer. Ils changeront encore. La République
pourra être très « avancée ». Elle pourra être très rétrograde.
Elle restera la République *in æternum;* je parle, bien
entendu, de l'éternité politique. Or, ce progrès, considérable et authentique, — philosophiquement, il consiste en
l'expulsion décisive hors de notre existence sociale de toute
donnée absolue, — les républicains qui attaquèrent l'absurde
et criminel gouvernement, plus absurde que criminel,
qu'Auguste Comte appelait si bien le « mamamouchat », ont
puissamment contribué à nous le procurer; moins en ren-
versant l'empire, qui se renversait parfaitement tout seul,
mais par la manière dont ils s'y prirent pour le déconsi-
dérer et le ruiner moralement. A ce point de vue, l'action de
Gambetta fut prépondérante. Quant à moi, tout petit, j'ai
beau avoir en mince estime les hauts faits qu'accomplissent
les oppositions, — la situation d'opposant me paraissant
toujours inférieure si elle n'est très provisoire, — dans le cas
spécifié ici, je suis fier de la minime part que j'ai prise à cette
besogne, parce que je suis persuadé que c'est à elle que la
France doit la tranquillité intérieure et la paix extérieure
dont elle jouit depuis trente-quatre ans.

*<sub>*</sub>*

Car méditez bien ceci dans votre diaphragme et dans
votre cœur, κατὰ φρένα καὶ κατὰ θυμόν, comme dit Homère, il y a
trente-quatre années que le pouvoir suprême se transmet,
chez nous, régulièrement, légalement, légitimement, de
chef en chef. Il a passé de Gambetta à Thiers; de Thiers
à Mac Mahon; de Mac Mahon à Grévy; de Grévy à Carnot;
de Carnot à Perier; de Perier à Faure; de Faure à Loubet,
*the last not the least.* Sept présidents de la République se
sont succédé sans à-coup violent, sans hourvari de rue, sans
accroc grand ou petit, au sein d'un calme inaltérable. Je
dis inaltérable; et vous le répéterez avec moi, car vous avez
trop d'esprit pour vous laisser abuser par le flot incessant
des « affaires », des « scandales », des procès politiques

ou non politiques; non plus que par le ronflement des discours, le glapissement des journaux, les bêlements, parfois les hurlements des Ligues les plus variées. Ces cris, ces clameurs, ces tapages produisent, il est vrai, un assourdissant fracas : mais ce n'est que du son et pas autre chose. En ce xx° siècle naissant, malgré la croissante monomanie théologico-métaphysique, ou plutôt métaphysico-théologique, la métaphysique étant de beaucoup la plus forte, les gens ont tout de même appris à peser, à mesurer, à compter. Et quiconque a l'habitude de compter, de mesurer et de peser, n'éprouvera aucune difficulté à s'apercevoir qu'il existe immensément plus de stabilité, de sécurité, de tranquillité, de paix sociale et de paix internationale que sous Napoléon I$^{er}$; que sous Louis XVIII; que sous Charles X; que sous Louis-Philippe, et que sous Napoléon III, ces personnages, avec leurs prétentions à l'immuabilité dynastique, ayant tous été, du plus au moins, la négation concrète et vivante de la notion d'ordre positivement conçue, laquelle embrasse tout à la fois la discipline spontanée et le libre concours. Cet ordre-là, nous n'en avons pas autant qu'il en faudrait. Nous sommes trop loin encore de l'heure où des mœurs solides, issues de convictions unanimes, seront assez réorganisées pour servir de fondement à de fortes lois. Mais si nous n'en avons pas en suffisance, nous en avons pourtant beaucoup plus que partout ailleurs : plus qu'en Angleterre; plus qu'en Italie; plus qu'en Espagne; incommensurablement plus qu'en Allemagne. Les apparences ne sont pas pour nous tromper. Parmi les groupes nationaux dont se formera un jour la république occidentale, le groupe français est celui que son degré d'émancipation a rendu, le premier, capable de réaliser les vraies conditions de l'avenir, en jetant les primordiaux fondements d'une société sans Dieu ni Roi; — ce qui n'implique point, comme le croyait le plagiaire Blanqui[1], que la religion et le

---

[1]. Je traite Blanqui de plagiaire parce qu'il emprunta, démarqua et dénatura la formule placée par Comte dans le titre même de son *discours sur l'ensemble du positivisme*. Mais je n'oublie pas que Blanqui, comme Barbès, au milieu de leurs déviations anarchiques, avaient été frappés et ébranlés par la doctrine positive, au point de s'adresser à Comte pour lui demander son appui et ses conseils (cf. *Correspondance d'Auguste Comte*, t. I, 89, 90 et 174; II, 149, 151, 168 et 229). Barbès,

gouvernement doivent disparaître, mais précisément tout le contraire.

Sous le bénéfice de ces vues générales, je reviens à mon propos direct. Appuyé sur les quinze lettres, je fais remarquer que le besoin d'unité, l'aspiration à la discipline sociale, la nécessité d'un chef, n'ont nulle part rencontré de défenseur plus résolu que Gambetta. Avant même qu'il eût acquis aucune expérience, — car ce qu'il m'écrit date de l'époque où il ravissait les réunions publiques par sa fougue en apparence dégagée de tout frein, — on l'avait vu suivre, comme d'instinct, cette direction conservatrice. Sans avoir gardé une mémoire bien exacte des discours que je lui ai entendu prononcer, il me semble qu'ils restèrent toujours à peu près exempts des brailleries accoutumées. Pendant les mortellement énervantes journées d'août 1870, — on voyait venir l'envahisseur; on ne pouvait que le regarder venir, — la seule thèse

notamment, lui écrivait à l'automne de 1852 : « Les épreuves par lesquelles vient
» de passer notre cher pays, le rude coup porté à nos espérances doivent enseï-
» gner à ceux d'entre nous qui n'en ont pas jusqu'ici assez tenu compte qu'on
» ne réforme pas une nation uniquement avec des aspirations et des désirs. J'ai
» fait souvent cette réflexion depuis nos désastres. Je conserve, en dépit de tout,
» ma foi intacte ; mais je sens le besoin de l'éclairer, *d'en subordonner les élans à la*
» *marche et aux tendances générales de l'humanité.* » C'est la pure méthode qu'emploie le positivisme pour condamner le procédé et les maximes révolutionnaires.

Quant à la devise dont Blanqui essaya de faire un aphorisme d'irréligion et d'anarchie, elle est simplement la constatation lapidaire de deux faits incontestables à savoir :

a) Que la solution théologique, au lieu de relier et de rallier, désormais divise et désunit;

b) Et que la solution monarchique a cessé d'être utilisable en France.

Mais la Religion, ou croyances communes sur les points les plus importants, non seulement n'est pas morte, elle se développe à mesure que les connaissances positives nous procurent un plus grand nombre de notions, vis-à-vis desquelles nul ne peut avoir un doute. Aucun Dieu, même le plus adoré, aucune croyance même la plus répandue, n'a réuni des adhésions aussi inébranlables et aussi nombreuses que le dogme de l'attraction par lequel sont régis les plus minimes molécules de notre planète et les astres grands et petits de notre système solaire.

Pour ce qui concerne la nécessité d'un maître, d'une direction supérieure, d'un gouvernement, évidente dès le début du moindre groupement humain elle devient plus indispensable proportionnellement aux fonctions qui se multiplient et se subdivisent, chaque jour davantage, et, par suite, exigent un concours systématique plus énergique et plus vigilant. Rien qu'à regarder par le plus humble et vulgaire côté des choses, le perfectionnement des procédés physico-chimiques proclame très haut qu'un pouvoir central de mieux en mieux armé est nécessaire pour nous préserver d'être abusés, trompés, et empoisonnés à toute heure du jour et de la nuit.

un peu ému consistait à presser l'armement de la population
En de lourdes et vides séances, M. de Pa-li-Kao racontait
les deux poings sur la tablette de la tribune, comment telle
armée venait d'être battue, mais « que les cuirassiers blancs
de Bismarck avaient été exterminés dans les carrières de Jeu-
mont ». C'était à faire prévoir qu'un jour le même ministre
viendrait nous dire, avec le même geste : « On a aperçu des
uhlans à la hauteur de la rue Lafayette; mais nous conti-
nuons à veiller. » Puis, on sortait du Palais-Bourbon en
traînant péniblement les jambes à travers la ville morne.
De temps en temps, si quelqu'un avait reconnu Gambetta,
un groupe inquiet s'amassait autour de nous. Lui, il improvisait une allocution toujours terminée par : *des armes, des
armes*. En de semblables conjonctures, qui n'aurait déclamé,
les documents réels faisant défaut ? Gambetta ne déclamait
pas, il restait maîtrisé par son aptitude éminemment pratique; par le dégoût de l'agitation à vide; par le goût enra-
ciné de la régularité et de la mesure. Je pouvais lire au fond
de sa pensée; elle était la mienne; nous l'avions cent fois
échangée comme un bien commun. L'idéal républicain qu'il
portait en lui avait tous les caractères de la positivité. Car,
sachez-le, il est faux, archi-faux que le positivisme exclue
l'idéal : il l'exige et le consacre. Chez Gambetta, la conception du régime gouvernemental, désormais propre à la
France, s'alliait étroitement à la notion d'ordre. Il ne savait
pas cela au sens théorique; moi non plus du reste, quoique
mieux préparé. Il le sentait intuitivement; et dans cette
double et inséparable donnée, il entrevoyait le terrain
unique sur lequel pût être élevée une fabrique politique
et sociale, solide comme le granit et assurée d'une durée
indéfinie.

\*\*\*

L'identification de deux choses qu'on tient plus volontiers,
d'habitude, pour radicalement opposées et la formule que
j'en ai tirée concernant l'ordre républicain seul capable de
donner à la France un commencement de véritable paix
intérieure, auraient demandé, cela est possible, d'être expo-
sées moins sommairement. Le danger, c'est que, pour avoir

voulu être bref, on aille y voir quelque assertion mystique ou métaphysique, rentrant dans la thèse, chère aux rhéteurs, sur le meilleur gouvernement. En ce cas, j'aurais donc visé à établir que la république est le modèle parfait de l'édifice gouvernemental. Rien de plus antipositif qu'une proposition semblable. La bonté ou la mauvaiseté des gouvernements est une question de temps et de milieu qui se juge d'après les faits; et jamais cette loi de l'histoire ne fut aussi fortement mise en relief que par la récente évolution politique de notre pays.

La république est si peu le régime parfait et nécessaire qu'au moment où il était adopté sur plusieurs points de l'Italie avec des fortunes diverses, la patrie française commençait à se fonder sur le territoire des anciennes Gaules, en choisissant le régime monarchique pour organe essentiel de sa formation. Avec ce régime, la France a rempli d'un incomparable éclat tout le Moyen-Age, spécialement à ses heures les plus resplendissantes, comme au xiii° siècle. Avec lui, elle a obtenu, au cours des temps modernes, l'hégémonie de l'Europe occidentale, c'est-à-dire des peuples qui tiennent la tête de la civilisation. Enfin les noms de ses rois marquent les principaux progrès accomplis à ces deux époques, plus particulièrement la transformation de l'esclave en ouvrier libre, mission propre au régime catholico-féodal qu'il a réalisée glorieusement et qu'on entend nier tous les jours avec une ignare effronterie, surtout par les gens qui ont sans cesse à la bouche le mot de révolution. Si vous aimez les révolutions, en voilà une qui vaut la peine qu'il en soit parlé. Ces faits sont certains.

Maintenant, il est certain aussi que vers la fin du siècle dix-septième, associé, avec une aveugle maladresse, — que ses prédécesseurs n'avaient pas connue, — au régime théologique déjà discrédité à fond, le régime monarchique, usé d'autre part et affaibli, devint inapte aux œuvres fécondes. On le vit s'enfoncer de plus en plus dans une lamentable putréfaction. Puis, un jour, au milieu des crises qui se succédaient, il arriva que le quatrième descendant d'Henri IV, toujours considéré ainsi que l'avaient été ses aïeux comme l'incarnation de la patrie, le représentant vivant de l'État, se rendit coupable, avec des aggravations vraiment odieuses, du crime de trahison contre l'État, « le plus sale de tous les crimes, » disait le cardinal Richelieu. La chute était épouvantable. Le forfait avait été entouré de circonstances qui semblaient ne laisser aucune chance de pardon. Cependant il est si vrai que les services rendus, l'adaptation aux circonstances constituent la valeur fondamentale et la légitimité réelle des institutions, qu'on n'estima pas que les mérites de la monarchie pussent être ainsi tout à coup effacés. Remarquez bien que la France, en 1789-92, la France entière, y compris des hommes tels que Robespierre, Danton ou Desmoulins, était monarchique. Les constituants, rédacteurs d'une charte qui ressemble à un système de traquenards destinés à rendre la vie impossible au roi, étaient de très passionnés monarchistes. Évidemment, des discours, des dissertations ou des brochures n'auraient jamais pu modifier un état d'esprit si général et si nettement accentué. Ce qui le modifia, ce qui le transforma, ce fut un fait : celui que je viens de vous rappeler; un simple fait, mais énorme.

Le roi avait tenté de s'échapper hors de France, emportant, dans sa fuite, le prestige antique, les apparences légitimes, le titre légal dont il disposait encore, et cela avec le dessein de remettre ces diverses forces aux mains des Prussiens et des Autrichiens qui envahissaient le sol national. La religion monarchique, celle qui consistait à ne faire qu'un seul et même être de la patrie et de l'homme qui en était le chef, avait jeté de si profondes racines, la mémoire du rôle bienfaisant autrefois joué était si tenace, que même après la monstrueuse tentative échouée à Varennes, on essaya encore de maintenir le roi. Mais le coup était porté : il avait pénétré jusqu'au plus profond de l'âme nationale, il ne pouvait pas s'oublier. La conversion de la France à l'idée républicaine date de là : pas une minute plus tôt. Il est bien clair qu'un semblable bouleversement, mental et moral, devait rester longtemps vague, obscur, indécis, inconscient, sauf chez quelques esprits d'élite. Mais il n'est pas douteux, pour qui sait analyser les choses de l'histoire et en discerner le vrai fond, que les destinées de la France venaient à ce moment de prendre une direction nouvelle.

Il faut l'immesurable scurrilité d'un Taine, — imaginez un tuyau de conduite, ambitieux de déverser à flots de l'eau très pure et se laissant lourdement engorger par un amas de minuscules détritus, si bien qu'on place de la belle eau qu'il pensait fournir, il ne laisse échapper, à grand'peine, qu'un liquide trouble, bourbeux et mal odorant, — il faut, dis-je, la prodigieuse et aveugle puérilité de nos « historiens » pour ne point comprendre que le dix-neuvième siècle politique — français bien entendu — a débuté le 21 septembre 1792; et que l'acte accompli ce jour-là, à savoir l'abolition de la royauté, n'a pas cessé un instant, depuis lors, de dominer notre évolution nationale. Assurément, un parti républicain, réfléchi et conscient, ne surgit point alors de toutes pièces. Ce qui fut créé, c'est un état général — intellectuel, politique et pratique — d'après lequel les données éparses qu'on voyait partout flotter dans les esprits et remuer sourdement les cœurs, commencèrent à s'aggrouper et à se combiner; en telle sorte que, désormais, chaque fait un peu général et important finissait invariablement par mettre en un vif relief :

*a)* L'impossibilité croissante de faire utilement retour vers la solution monarchique ;

*b)* La probabilité, graduellement accrue, d'adopter avec profit la solution républicaine.

*\**

Puisque j'ai posé le problème sur le terrain historique, interrogeons l'histoire pour qu'elle nous aide à fixer la valeur de fait de mes allégations. Vers 1860, un peu plus tôt ou un peu plus tard, c'était un passe-temps qui m'était familier — au dessert — de dire que, dans deux ou trois cents ans, un Niebuhr, débrouillant les documents confus de notre époque, les résumerait ainsi :

A la fin du xviii° siècle, les Français se déclarèrent publiquement et authentiquement résolus à fonder chez eux le gouvernement républicain. Mais, soit irréflexion, légèreté ou maladresse, ils n'y réussirent que d'une façon imparfaite, n'ayant jamais su régler juridiquement la transmission et le titre régulier du pouvoir exécutif. Leur régime, c'était bien la république ou absence d'hérédité. Seulement les chefs suprêmes étaient changés par à-coups nerveux et à des dates variables, au lieu d'être remplacés par prescription constitutionnelle.

J'ai parfois obtenu de grands succès en développant cette thèse, mais plutôt devant des indifférents, qui la jugeaient ingénieuse, que devant des républicains, trop jaloux de leur pureté, pour apprécier favorablement un système dont la conclusion — actuelle et inévitable — accordait à l'odieux Napoléon III l'équivalence avec un président de la République. Au surplus, je ne m'en faisais pas accroire, n'étant point sûr alors de ne pas nager en plein paradoxe. C'est pour cela, sans doute, que je ne l'ai jamais rédigé, ou du moins jamais publié. Gambetta fut peut-être le seul à le goûter franchement et directement. Mais attendez la fin.

J'étais si bien dans la vraie direction des vues historiques — qui n'étaient alors les miennes que très vaguement — qu'il m'a été donné de constater ces jours-ci[1], non sans fierté, que j'avais deviné une des théories les plus lumineuses d'Auguste Comte. Dès 1852, il s'en servait pour pronostiquer la chute du régime soi-disant impérial qu'il méprisait si fort. « Mon » paradoxe n'était donc pas une imagination « ingénieuse », mais le produit spontané et normal de certaines données d'ensemble qui me hantaient plutôt que je ne les possédais. En outre, si à l'époque où je croyais l'avoir conçu, il présentait quelques doutes quant au point de fait, par suite de la brièveté de l'expérimentation, il n'en est plus de même aujourd'hui, car il s'offre à nous entouré d'un cortège d'années presque double. C'est pourquoi, si vous le voulez bien, nous allons nous dégager de tout fatras argumentatif, pour ne recourir qu'à la preuve arithmétique.

Je la donnerai sous deux formes : la preuve par les cent ans et la preuve par les cent treize ans.

---

1. Voir les quatre volumes de la *Correspondance d'Auguste Comte*, 1903-1904, que je n'ai lus que cet hiver.

I. Entre 1792 et 1892, un siècle s'écoule, qui va de la République du 21 septembre à la République du 4 septembre, cette dernière, déjà adulte lorsque le siècle prend fin. Examinez un à un les divers gouvernements qui ont succédé à la Convention nationale. Scrutez-les; armez-vous d'une loupe, je vous défie d'y découvrir, si vous savez le français et si vous savez l'histoire, un fragment, un débris, un vestige de Royauté; un reflet, une ombre de ce qu'on avait jusque-là appelé le Roi. Le défilé qui se déroule sous vos yeux, ce sont des chefs, désignés par des qualifications variées et dotés, par leur sacre ou leur plébiscite, de l'immuabilité et de l'éternité dynastique avec autant de sérieux que si ces mêmes actes solennels leur avaient garanti une longévité personnelle de deux ou trois siècles avec « l'exemption de la goutte ». En réalité, ces chefs ont été élus par les événements : et bientôt, les événements se sont chargés de les destituer. De l'hérédité, caractère fondamental du Roi, pas la moindre trace. Je me trompe, l'un d'eux fut oint à Reims en succédant à son frère (29 mai 1825), et cinq années plus tard (3 août 1830), il traversait la Manche pour regagner le lieu de son ancien exil. En fait de légitimité, de régularité dans les origines, aucun de ces soi-disant rois ne saurait lutter avec M. Émile Loubet. Quant à la stabilité, quant à la durée, le plus illustre et le plus puissant d'entre eux, le premier Bonaparte, a occupé son poste tout juste un an de plus que M. Jules Grévy le sien. J'arrête ici la preuve par les cent années.

II. Quant à la preuve par les cent treize ans, j'entends par l'histoire de ce qui est advenu depuis 1792 jusqu'en 1905, voici en quoi elle consiste. Nous faisons le compte des années dévolues : *a)* aux deux empires; *b)* aux deux monarchies; *c)* aux trois républiques. La dernière de celles-ci a déjà vécu sept ans de plus que Napoléon I<sup>er</sup> et Napoléon III réunis; un an de plus que Louis XVIII, Charles X et Louis-Philippe réunis. En envisageant la totalité des cent treize années qui nous séparent du 21 septembre 1792, il se trouve que les deux empires en ont occupé 28; les deux monarchies 34; les trois républiques 51; et la troisième république est toute jeunette comparativement aux destinées qui l'attendent. Elle ne vise

point à l'absolu ; elle n'a pas rendu de décret la proclaman
immortelle, non plus qu'immuable. Elle se propose, au
contraire, de muer fréquemment, se confessant modifiable,
se déclarant revisable. Elle sent que la relativité est, en
sociologie comme ailleurs, la condition de toute véritable
vie ; et c'est ce qui nous assure qu'elle vivra longuement.

*\*\**

Je n'ai donc rien dit que de matériellement et chronologiquement exact, quand j'ai affirmé la prépondérance
ancienne, croissante et continue, dans notre évolution contemporaine, de ce concept obscur, mal dégagé, souvent
très mal formulé que j'ai appelé l'ordre républicain. Effectivement, de ce qui précède, faits et chiffres, il résulte, si je
me suis bien fait comprendre, que, depuis longtemps, la
garantie de l'ordre matériel, en France, ne peut être procurée que par l'organisation républicaine. A elle seule la
stabilité suffisante, la durée sérieuse et cette immuabilité
positive qui consiste précisément à multiplier les mutations
pacifiques. A elle seule la disparition des émeutes, des
sociétés secrètes, des conspirations et de l'encombrant amas
des instruments répressifs, des interdictions de se réunir,
des gênes imposées à la presse et à la parole. Le progrès et
l'ordre n'ont sans doute pas tout à fait cessé d'osciller contradictoirement. Mais leurs conflits ont subi une atténuation
notable. En conséquence, j'ose affirmer que les membres les
plus exaltés, les moins disciplinés de la minorité républicaine, — ou bien en 1802, ou bien en 1830, ou bien en
1848, — en dépit de leurs allures dévergondées, se rapprochaient davantage de l'ordre réel que les modérés, les
juste-milieu, les « burgraves » de ces trois époques. Sans
doute, cela ne se voyait, ne se soupçonnait même pas.
Actuellement, il suffit d'un peu de pénétration et de justesse de coup d'œil pour le discerner sans peine. Bien entendu que par « ordre réel » on doit comprendre celui-là
seul doué de la capacité virtuelle de se développer, c'est-àdire de progresser. L'ordre, quand il a pour objet de reconstituer les choses mortes, — tel a été essentiellement le fond

du monarchisme français de toute nuance, — est dépourvu de réalité, partant de vitalité. S'il essaie de marcher, il le fait en sens inverse de lui-même, comme la soi-disant royauté constitutionnelle. Tout ce qu'il peut, c'est empêcher qu'on ne bouge. Au contraire, le principe républicain, visant par définition à consacrer toutes les forces quelconques au bien commun, se trouve toujours pourvoir au progrès, du plus au moins, même quand sa direction tombe entre des mains rétrogrades. Et ce fait suffit pour créer une situation relativement organique [1]. Rien que par la présence du régime, chaque poussée, momentanément excessive dans le sens conservateur, se voit bientôt contre-pesée, puis finalement réprimée. Comte a vigoureusement condensé ces observations en deux capitales maximes. L'une, si vaste qu'elle embrasse et éclaire l'histoire universelle : « Le progrès n'est que le développement de l'ordre. » L'autre, plutôt spéciale à la situation européenne, surtout française : « L'ordre reste rétrograde aussi longtemps que le progrès reste anarchique. » Et réciproquement. Pour que les deux termes, au lieu de s'affronter, se concilient, il faut qu'abjurant les mauvaises habitudes, tant révolutionnaires que réactionnaires, chacun se persuade :

*a)* Que l'ordre est la condition indispensable du progrès ;

Et, d'autre part, qu'on n'oublie pas un seul instant :

*b)* Que le progrès n'a pas d'autre but à se proposer, qu'il a pour but direct et nécessaire la création continue de l'ordre. Eh bien ! cette lumineuse théorie, — lentement élaborée par une appréciation historique très profonde, mais restée indistincte et latente pour le plus grand nombre des esprits, — Gambetta avait su l'entrevoir, la pressentir, la deviner. Du moins, en a-t-il donné dans nos quinze lettres de très solides et très saillantes formules.

1. Pour s'assurer, par voie concrète, de la valeur de cette théorie, constater, au doigt et à l'œil, sur une série chronologique, les extravagances et les méfaits dont le premier Bonaparte s'est rendu coupable et qui auraient été matériellement impossibles à réaliser par un consul même à vie. C'est le mot, si drôle et au fond si vrai, d'Henri Monnier : « Si Bonaparte était resté lieutenant d'artillerie, il serait encore sur le trône. » Même opération pour les autres pseudo-monarques, en particulier pour Louis-Philippe. Toutes ces misères, si niaisement, si obtusément rétrogrades qui firent de ce « règne » une période très basse et très avilie, n'auraient eu qu'une courte durée. Le funeste Guizot, qui se croyait ferme et n'était que têtu, aurait passé de mode en six mois.

*Magnin, Spuller et mon ami La...* [Lettre XI, p. 30.] — La..., ces deux lettres sont seules lisibles dans l'original. Les autres pourraient correspondre au nom de Laurier. Mais ce nom, qui revient souvent, est toujours très distinctement écrit. Je pencherais plutôt pour Lanne, un jeune avocat stagiaire, que je rencontrais souvent, sans qu'il se soit jamais établi entre nous la moindre familiarité. Il remplit, sous le siège, auprès de M. Magnin, le poste de secrétaire général du ministère du commerce, probablement par l'influence de Gambetta, qui devait l'estimer beaucoup. Du moins, je le suppose, et voici pourquoi. Dans la matinée du jour où il se proposait de prononcer un grand discours sur le plébiscite, Gambetta amena Lanne — je ne sais si j'écris bien ce nom — au déjeuner que, toujours, en semblable circonstance, nous faisions chez Ledoyen. D'habitude, ce repas était pris en tête-à-tête, car il constituait une espèce de répétition. Gambetta avait un procédé particulier pour maintenir en ordre le plan qu'il s'était tracé. On en verra un spécimen fort curieux aux reproductions photographiques. Pendant les derniers jours de la préparation, j'avais le plan ou schéma par devers moi; et, soit en mangeant, soit à toute autre heure de repos, je l'écoutais essayer ses développements, avec mission de lui signaler les déviations où il pourrait se laisser entraîner. Plusieurs pièces de ce genre se retrouveront probablement dans mon fouillis, celle que je viens de signaler comme ayant pris place à la page 165 du présent volume a cela de particulier qu'elle représente schématiquement un discours qui n'a jamais été prononcé; ou, du moins, ne l'a été que par fragments et lambeaux. Je l'avais dans ma serviette chez Montagut quand nous déjeunâmes avec Ledru-Rollin, Gambetta ayant prévu le cas où il lui conviendrait d'exposer ce qu'il comptait dire à la Chambre. Mais l'entrevue fut si vide, froide et stérile, pour des motifs qui seront indiqués ailleurs, qu'il n'y eut pas lieu de recourir à mon schéma.

Ce serait à Joseph Reinach de déterminer à quoi correspondent, dans la collection qu'il a publiée, les intéressantes dispositions graphiques de notre document. Une allusion à Trochu, nommé gouverneur de Paris le 18 août 1870, en marque assez bien la date; et quelques autres détails indiquent plausiblement que l'orateur a essayé de parler dans les séances du 23 au 27 août; essayé, mais sans réussir à autre chose qu'à placer quelques phrases, hachées par les interruptions. Il y a dans le schéma : *heure sinistre*, mots qui peuvent très bien se rapporter à ce qu'on lit dans le compte rendu de la séance du 23 août : « Messieurs, lorsqu'un pays comme la France traverse l'heure la plus douloureuse de son histoire..... » La fin de la phrase est couverte par les cris de la majorité. Le 24 août, nouvel essai de discours où se rencontrent des parties qui rappellent ces mots du schéma : *devoir parlementaire;* ou bien ces autres mots : *océan germanique.* Enfin le 27 août une tentative pour obtenir que la situation faite au général Trochu, de purement décorative qu'elle est, devienne prépondérante, ne trouve pas davantage grâce devant l'impatience de la Chambre. C'est évidemment ce que représentent, dans notre schéma, les mots : *pleins pouvoirs; est-il empêché?* Je ne tiens pas autrement à ces observations conjecturales. Un seul point m'intéressait quelque peu. Gambetta m'avait fait taire quand, le 3 septembre, à la nouvelle du désastre de Sedan, je m'écriais : « pour le coup, nous avons touché le fond de l'abîme. » Cette appréciation existait pourtant dans son esprit, car voici ce que vous déchiffrerez distinctement dans le schéma : *J'ai la conviction intime que ce pays roule vers l'abîme sans en avoir conscience.*

---

Gambetta et le positivisme.

*Je le prie de m'envoyer le dernier numéro de la* Revue positive *de Littré.* [Lettre VII, p. 23.] — Cette livraison m'est revenue. C'était mon exemplaire personnel; l'administration de la *Revue* m'en envoyait deux : un à Bordeaux pour la *Gironde;* un autre à Paris pour moi. Gambetta, supposant que j'en faisais collection, me l'avait retourné. J'y ai retrouvé une note de mon écriture qu'il avait, contre son usage, négligé de détruire. Elle y est encore. En voici la transcription :

« Je t'ai déjà mis en garde contre Littré et contre

Challemel sur cette question du positivisme. Ils sont l'un
et l'autre parfaitement incapables de te guider en pareille
matière : Challemel parce qu'il ne connaît Comte que de
nom, ou, s'il a lu, il n'a pas réussi à le comprendre, le
cas n'est point rare; Littré parce que — s'il connaît bien
la première portion du système, celle où les sciences fon-
damentales, prises dans leur ensemble, deviennent, grâce
à la prodigieuse force de généralisation de A. C., une
philosophie; — en revanche, il ignore la seconde, celle
où la philosophie scientifique donne naissance à un
système politique, social et religieux, au sens le plus com-
préhensif du mot, ledit système s'appuyant sur le savoir
positif à titre de dogme démontrable. Cette seconde partie,
la plus importante évidemment, puisque la première n'a
été construite que pour lui servir de base, Littré ne se
borne pas à l'ignorer, au sens ordinaire de ce terme,
mais à son sens anglais, c'est-à-dire qu'il refuse de la
connaître. Elle est comme si elle n'existait pas. Il la
répudie, il la condamne, faisant en outre tout ce qu'il
peut, au milieu de dégoûtants salamalecs, pour la décon-
sidérer et la supprimer. Informe-toi plutôt de l'ignoble
procès que ce fidèle disciple intenta, de concert avec
M^me Comte, une coquine *di primo cartello*, pour obtenir
l'annulation du testament de son vénéré maître et acquérir le droit de biffer, de raturer, d'expurger les œuvres
de cet *athée* et de ce *fou*. En tout cas, retiens bien ceci :
lorsque tu as lu un article de Littré, il est possible que
tu comprennes la classification encyclopédique : ce sera
beaucoup; Littré l'a saisie — bien qu'incomplètement,
il laisse en dehors la morale — il en est enthousiaste au
point de ne rien voir et de ne rien admettre après elle.
Mais de la doctrine proprement dite dans sa totalité, de
la merveilleuse construction qui fait du savoir positif,
philosophiquement organisé, le fondement d'une réno-
vation intellectuelle, morale et sociale, surtout sociale —
ce qui, à coup sûr, tel que je te connais, t'intéresserait
le plus — Littré ne t'en apprendra pas un traître mot; et
pour cause. Imagine quelqu'un qui ne voudrait voir dans
Descartes que le *Discours sur la méthode* et ne saurait rien

du géomètre, du physicien et du biologiste. Mais une telle comparaison fait trop d'honneur à Littré. Suppose que je m'avise de te faire apprécier la beauté des Tuileries en ne te montrant que les substructions et les caves. »

Cette note est loin d'être nette et claire. Elle reste fort au-dessous de l'objet que je me proposais et témoigne de ma préparation alors plus qu'imparfaite. Il n'y a donc pas à s'étonner si Gambetta en fut peu impressionné. Nous avions plusieurs fois discuté sur Comte, Littré et le positivisme au cours de nos longues promenades à Ems; mais pas entre nous. Cela n'arrivait guère que lorsque Challemel-Lacour nous accompagnait. Challemel, avec qui je devais plus tard, pendant dix ans, au Sénat, vivre dans la plus affectueuse intimité, me portait, en attendant, une mortelle aversion. Par plusieurs motifs, surtout parce qu'il m'était arrivé de lui dire, en disputant sur le double étalon monétaire, qu'il n'avait pas lu Adam Smith. De ce moment, il contracta l'habitude de prendre invariablement le contre-pied de ce que j'avançais. Ayant constaté que je penchais vers Auguste Comte, il ne manquait aucune occasion de manifester, avec sa corrosive ironie, des tendances opposées. J'étais alors un pauvre clerc en positivisme, comme il résulte trop de ma note. De plus, j'avais pour principe de ne jamais mêler mes prédilections philosophiques à la politique quotidienne. D'autre part, si Challemel était tout à fait étranger à de pareils sujets, il possédait sur moi une immense supériorité par ses pouvoirs d'expression et son habileté à mettre en bel ordre les arguments quels qu'ils fussent; nul n'a jamais mieux parlé que lui. J'avais donc à peu près toujours le dessous; Gambetta prenant un malin plaisir à juger les coups, à titre d'auditoire impartial. Ce sont ces passes d'armes que ma note désigne par voie d'allusion. J'ai, en plusieurs circonstances, contribué à modifier ses opinions. Quelques-unes de nos lettres le constatent. C'est un grand malheur que l'avis que je lui donnais au sujet de Littré l'ait laissé indifférent. Peut-être ne l'a-t-il jamais lu. L'affaire du « 26 octobre » le préoccupait et le tourmentait. Il s'en est fallu de bien peu que je l'aie accompagné dans son voyage en ballon, si j'en juge d'après

l'explication qu'il me donna la veille de son départ[1]. S'
l'avait voulu, je l'aurais suivi. Mais je n'en éprouvais aucun
envie, étant mieux fixé que lui sur mes qualités pratiques
courage, prudence, fermeté, persévérance — qualités qu
allaient être très demandées autour de lui et dont j'étais fo
maigrement pourvu[2]. Je le vis donc partir sans moi, tr
affligé d'être séparé de lui, mais plutôt content de ne pa
l'accompagner. Cependant, il m'est arrivé plus tard d
penser que si j'avais été auprès de lui, telle chose qu'il eû
mieux valu ne pas faire, ne se serait pas faite. Par exemple
il n'aurait jamais eu l'inspiration fâcheuse de placer Littr
sur un piédestal, pour, ensuite, le désigner emphatiquemen
à la gratitude des « hommes » comme l'initiateur de l
grande réorganisation intellectuelle, morale et social
annoncée, élaborée et formulée par l'auteur de la *Politiqu
positive*; lequel restait, du coup, confisqué et supprimé.
Dans un discours solennel, on l'entendit déclarer que
« désormais » le progrès ne se poursuivrait plus que par
l'enseignement « de la méthode fondamentale de la doctrine »
de Littré. De cette doctrine, lui, Gambetta, se confessait le
serviteur modeste, incomplet, mais dévoué et libre; affirmant que, grâce à elle, la politique serait amenée à être
« une science morale » qui mettrait fin aux manœuvres
déloyales et perfides des habiles et des intrigants, ainsi qu'à

1. Le départ en ballon, arrêté le 5 octobre, n'eut lieu que le 7. Au matin du 6, Gambetta m'avait renvoyé mon pardessus de fourrure, qu'il s'était d'abord proposé d'emporter; puis redemandé sa part d'une petite somme d'or (2.000 francs), que nous nous étions procurée en prévision des hasards du siège. Vers midi, il vint à l'Hôtel de Ville. Il n'y avait pas délibération, puisque je le vois avec son chapeau sur la tête; cependant plusieurs personnes étaient assises à la table du conseil. Il les salua les unes après les autres et, s'approchant de mon bout de table, il s'assit auprès de moi en disant : « Je pars, André ; je ne t'emmène pas. Ça ne doit pas être toujours les mêmes; mais j'ai donné des instructions à Jules Favre. Tu me rejoindras bientôt. » Il ajouta quelques indications concernant une personne dont je devrais faciliter la sortie, en lui donnant pour guide ma propre gouver- nante. C'est à peine si j'ouvris la bouche. Je suffoquais, faisant effort pour ne pas pleurer. J'étais dans un singulier cauchemar. Quand, deux mois plus tôt, nous quittions les Crêtes, une très charmante femme, la baronne de......, qui nous aimait, m'avait dit : « Je vous vois tous les deux au milieu d'une mare de sang. » Je n'ai pas le goût du mélodrame dans la vie courante. Le propos m'avait fait sourire. Le 6 octobre, il venait de me revenir sous les apparences d'une lugubre réalité.

2. Courage intermittent ou à bordées, prudence à peu près nulle, fermeté vite vacillante; persévérance, zéro. Quand j'en ai montré, ce fut l'œuvre des conjonc- tures ou le concours opportun de qui valait mieux que moi.

l'esprit de corruption, de dissimulation et de subterfuge. Finalement, il prédisait qu'un jour ne tarderait pas à venir où, s'imposant aussi bien aux consciences qu'aux esprits, cette science — celle de Littré! — dicterait les règles des sociétés humaines. « Ce jour-là — ajoutait-il — votre philosophie, la nôtre, aura vaincu, et votre nom sera honoré parmi les hommes. »

Quand je lus ce douloureux bafouillage, qui aurait pu si aisément être amélioré, moyennant quelques indications exactes, dont la vulgarisation par une telle bouche serait devenue un événement très heureux, je fus pris d'un véritable désespoir. Justement, j'employais alors les loisirs de ma paisible retraite de Hollande à m'approprier l'œuvre de Comte d'une façon aussi complète qu'il est permis à un homme qui ne sait pas la table de multiplication. En sorte que les énormités énoncées par Gambetta me choquaient infiniment plus qu'elles ne l'auraient fait auparavant. Cette *méthode de la doctrine* d'un homme qui n'eut jamais ni doctrine ni méthode, sauf de savoir compiler; cette *philosophie* d'un éditeur consciencieux de textes grecs et latins, d'un critique aussi érudit qu'écrivain médiocre, d'un lexicographe estimable surtout en ce sens qu'il ne redoutait pas la fatigue, mais à peu près aussi « philosophe » que je suis hébraïsant; cette *science morale* dont la principale efficacité serait de rendre les politiciens moins effrontés et moins mercenaires; ces incohérences, ces confusions, ces balbutiements où se découvrait, à l'œil nu, le persistant et noble désir de « paraître » positiviste, en même temps que l'impuissance de l'effort tenté en vue d'un tel résultat, tout cela m'affligeait profondément. Et ce qui me fut encore plus pénible qu'une telle occasion perdue de rendre un service capital; non seulement perdue, mais transformée en dommage grave pour lui et pour les autres, c'était de le voir, avec une lamentable imprudence, assumer la responsabilité d'assertions grossièrement erronées quant à leur fond, et outrageusement iniques quant à leurs conséquences. Je sais bien que ce que je vais dire ne sera entendu que de peu de personnes et que les autres me prendront pour un énergumène. Mais ces « autres » ne font partie que du public d'aujourd'hui. Nous verrons demain. Dans son discours de janvier 1873, Gambetta a pronostiqué que le jour où la philosophie positive prévaudrait Littré serait « honoré parmi les hommes ». J'accepte l'horoscope : à cela près que je le modifierai un peu afin de le mettre en accord avec les agissements réels du personnage. Oui, au temps indiqué, il sera parlé de Littré. On dira qu'il avait eu l'originalité incontestable de se donner un maître et de s'intituler disciple, à une époque où nul ne voulait être disciple et où tous prétendaient à être maîtres. Seulement, au lieu de goûter la douceur infinie que procure une telle opération quand les propensions vénérantes ont été bien placées ; — cette douceur qui fait de ma vieillesse la période la plus délicieuse de ma longue existence ; — au lieu d'obéir, en savourant les jouissances de la soumission, grisé par les profits de notoriété philosophique et de gloriole sociologique que ce contact avec un grand homme lui rapportait, il ambitionna de tirer à lui toute la couverture. Avec une industrie dont le raffinement aurait rendu Tartuffe jaloux, il s'ingénia à diminuer, petit à petit, son patron. En même temps qu'il l'accablait de génuflexions, il répandait tout doucement l'idée que si sa modestie persistait à prendre le nom de disciple, au fond c'était lui qui était le vrai chef d'école. Et, comme il rencontrait une troupe immense de complices, dont ses manœuvres suspectes faisaient admirablement l'affaire, — par des motifs que ce n'est ni l'heure ni le lieu d'expliquer, — il vint un moment où, traitant la doctrine de Comte mort, comme Tartuffe la maison d'Orgon vivant, on le vit se tourner vers le philosophe, prématurément par lui poussé au tombeau, et lui dire :

C'est à vous d'en sortir, vous qui parlez en maître !

Ces faits ne sont pas connus. J'ai l'air de dresser le plan d'un livre qui s'intitulerait : le roman d'un philosophe. Mais précisément un tel livre est à faire. Je voudrais bien pouvoir le faire. Les matériaux en sont faciles à recueillir. J'ose promettre à celui qui s'en chargera un joli succès, pour peu qu'il y mette de sincérité, d'habileté et de talent. En tout cas, il sera à la mode. Car à côté du « disciple » dont je viens d'esquisser la louche silhouette, se trouve une femme, celle du philosophe, prodigieusement douée sous le rapport intellectuel, étonnamment dépourvue de tout sentiment affectueux et dont l'assurance, le cynisme et la rouerie dépassaient ce qu'ont pu inventer de mieux les romanciers du genre « rosse », comme on dit dans le malpropre argot actuel. Une fois ce récit publié, la prophétie du mois de janvier 1873 recevra sa réalisation. Littré obtiendra « parmi les hommes » la réputation du plus grand, — il y a des grandeurs de toute espèce, — du plus notoire, du plus insigne sycophante que le monde académique, si riche sous ce rapport, ait jamais connu.

\* \*
\*

Mais cette certitude ne me console guère. Pourquoi faut-il que Gambetta ait tenu un langage par lequel, quand viendront les règlements de compte sérieux, il se trouvera, très innocemment, mais très inévitablement, mêlé à ces ignominies comme panégyriste de leur principal auteur ! Il n'était pas positiviste, mais il voulait l'être : et si son effort fut des moins féconds dans le sens doctrinal, comme on vient de le voir, il y suppléa par des intuitions d'une remarquable étendue, ainsi que je l'ai montré pour l'idée de patrie et pour la théorie du gouvernement ; et comme je l'exposerai bientôt plus à fond en lui appliquant les vues si difficiles et si profondes de Comte sur la sympathie. Dans mainte circonstance, il sembla s'être assimilé, sans méditation et sans étude, les notions les plus élevées de la philosophie nouvelle. Il n'est pas jusqu'à la phrase, si hétéroclitement bâtie, où il oublie son rôle de philosophe pour dénoncer les amers déboires dont les parlementaires l'abreuvaient, qui n'atteste combien il appréciait ce point de vue de Comte « que l'on doit favoriser l'instruction positive du peuple afin de discréditer chez lui les jongleurs et les utopistes ». Et c'est en raison de ces diverses considérations que le discours de 1873 me paraît avoir été, comme je l'ai dit plus haut, un fort grand malheur.

Un ami, qui veut bien relire mes épreuves, me fait remarquer que le discours prononcé en 1873 à un banquet offert à M. Littré et dont les extraits que j'ai cités proviennent de la *République française* du 7 février de cette même année, ne figure pas dans les dix volumes de la collection où M. Joseph Reinach a recueilli les moindres paroles de Gambetta. Le ciel en soit loué, si c'est un commencement de résipiscence. J'aimerais à me persuader que, sciemment et délibérément l'honnête, intelligent et dévoué Reinach a voulu donner l'exclusion à cette regrettable harangue.

---

*Pendant ce temps, ton concurrent consultait l'ombre de son père.* [Lettre IX, p. 26.]

.... *Ferry, jamais.... Tu as commis une faute.* [Lettre V, p. 16.]

.... *Il ruse, mais il faudra qu'il marche.* [Lettre IV, p. 12.]

.... *venant d'un animal aussi évasif.* [Lettre X, p. 28.]

— Ces passages où Gambetta se laisse aller à son goût pour la raillerie aux dépens d'Emmanuel Arago, de Jules Ferry et de Jules Simon, bien que la plupart du temps inoffensifs, m'obligent cependant à formuler quelques atténuations. Si, au lieu d'écrire « du fond d'une tombe anticipée », je ne m'adressais qu'aux lecteurs d'après-demain, je n'aurais pas à songer à de tels ménagements, étant dégagé vis-à-vis d'eux des préoccupations de convenance qui légitimement vous retiennent quand on parle à des vivants de ceux qu'ils ont connus. Aussi est-ce un parti pris chez moi de ne contempler mes morts que sous leur aspect sympathique et, par suite, de minimiser les côtés moins favorables à l'interprétation bienveillante. Sans doute, je n'ai pas à répondre des fantaisies satyriques de Gambetta. Mais, après tout, c'est moi qui les publie et je dois m'en dégager le plus que faire se pourra; pas à l'égard de tout le monde, par exemple. Ainsi, il est quelquefois fort dur pour « son ami Laurier ». Mais cela ne me regarde point; car, en dépit des efforts qu'il fit pour nous rapprocher l'un de l'autre, Laurier

<small>Les trois noms à réserves.</small>

ne fut jamais mon ami à moi. En revanche, j'ai à cœur de ne pas laisser naître l'idée qu'il y ait eu de l'animosité entre moi et les trois personnes qui viennent d'être nommées. Ce serait plutôt tout l'opposé.

<small>Emmanuel Arago.</small>

A les prendre par ordre alphabétique, Arago, depuis l'année 1859, où mes articles sur la guerre d'Italie me valurent d'abord de longues lettres de lui, ensuite des visites fréquentes, ne s'est jamais refroidi à mon endroit, ni moi au sien. Il habitait alors un département voisin de la Gironde et n'avait pas voulu jusque-là reprendre son cabinet d'avocat à Paris. Je contribuai, je crois, quelque peu à lui faire abandonner cette attitude d'émigré à l'intérieur, notre liaison étant devenue une véritable amitié. L'apparente rivalité de candidature, qui se produisit en 1869 et dont Gambetta s'occupe à plusieurs reprises, ne suspendit pas une minute nos cordiales relations. Nous allions ensemble aux réunions électorales pour économiser nos frais de voiture. Emmanuel était un orateur des temps romantiques. Il disait parfois des choses surprenantes. Entre autres, celle-ci, à propos du fameux Tropmann qui venait d'assassiner, d'une seule fois, sept ou huit personnes : « On ne lit que cela dans les journaux; on ne parle que de ce sang répandu en si grande quantité. Eh ! mon dieu, si les spectacles sanglants vous plaisent, tournez-vous en esprit vers le 2 décembre 1851 : *il y avait plus de cadavres!* » Je souligne le dernier membre de phrase, pour indiquer qu'à ce moment-là la voix de l'orateur descendait dans les cordes les plus basses. Et comme cette voix était très belle et qu'avec sa haute taille, sa longue chevelure grisonnante, son geste bien approprié, l'orateur était fort agréable à voir, les applaudissements ne lui manquaient pas. Il avait un procédé tout à fait curieux pour se débarrasser de « la question sociale ». A ce moment, c'était toute une affaire d'indiquer qu'on n'était pas socialiste et d'avoir l'air de l'être dans le fond. Gambetta, lui, avait trouvé une formule merveilleuse. Il disait : « Il n'y a pas de question sociale; il y a des questions sociales. » J'apprécierai peut-être ailleurs la valeur théorique de cette proposition qui, en tout cas, était d'une habileté oratoire irrécusable. Quant à Arago, avec moins de profondeur, mais avec un succès dramatique assuré, voici comme il s'y prenait : « Je puis m'expliquer, sans ambages, sur le problème social. Ça me connaît. En 1848, étant commissaire général du gouvernement provisoire à Lyon, j'ai eu à tenir tête à des émeutes terribles qui n'avaient pas d'autre motif. Un jour, la préfecture fut envahie et j'eus grand'peine à arrêter le flot des manifestants. Ils avaient à leur tête un homme débraillé qu'on eût pu croire fou furieux. Je l'adjurai de se contenir; je lui fis voir que le fait de chambarder la préfecture ne pouvait profiter à personne; et comme il me paraissait sensible à mes paroles, j'ajoutai quelques allusions plus directement personnelles. Mais il m'interrompit aussitôt : Citoyen commissaire, n'allez pas plus loin; si vous saviez mon nom, vous verriez que c'est inutile. — Et quel est donc votre nom ? — *Je m'appelle las de vivre !* » Et après cet effet de voix sombrée, Emmanuel terminait en disant : « Vous sentez que je sais ce que c'est que la question sociale. » Maintenant, il est clair qu'avec l'amicale familiarité qui régnait entre nous, je ne me gênais pas pour me moquer de lui. Assis à son côté pendant qu'il parlait debout, je disais *sotto voce*, comme les acteurs font entre eux, sans que les autres entendent : « C'est absurde ! » Alors Arago me toisait du haut de sa grande taille : « Lavertujon prétend que c'est absurde... » Dans la salle : *à l'ordre ! à la porte ! qu'il descende de l'estrade !* criaient les partisans d'Arago. Mais celui-ci, avec un bon sourire : « Laissez-moi faire, c'est le meilleur de mes amis. Je me charge tout seul de le bien arranger. »

Il n'y eut donc jamais entre nous pas même l'ombre d'un nuage. Sans compter que, pour prendre une attitude hostile, j'aurais dû me montrer ingrat. J'étais sans doute un « vieux républicain », puisque, ainsi qu'on l'a vu plus haut, j'avais été membre actif du Comité démocratique et social de Paris en 1849-1851. Mais je n'avais aucune notoriété; et si parfois les journaux s'étaient occupés de moi, en tant qu'orateur propagandiste, ce fut toujours sous le nom de Vertuchoux. C'est donc Arago qui me mit, par ses lettres infatigables et ses présentations multipliées, en rapport avec le « parti ». C'est lui qui m'amena Jules Simon, qui me conduisit chez

Laurent Pichat, qui m'introduisit aux soirées intimes d'Ulbach où je me liai avec Lanfrey. Il me fit aussi inviter aux réceptions, plus officielles, d'Hippolyte Carnot. Habit noir, cravate blanche, et quand vous entriez, un laquais en livrée criait votre nom : Monsieur Arago ! — Enfin, le voilà ! et tout le monde se tourne vers nous. Moi, j'avais balbutié à l'oreille du laquais mon nom, si difficile à prononcer paraît-il : *Monsieur Lesturgeon !* — Que dites-vous là ? s'écrie Emmanuel, avec sa bonne humeur habituelle. Madame, c'est André Lavertujon que je vous amène. Messieurs, vous le connaissez tous.

Je donnerai une dernière indication, non la moindre, au sujet de mes dettes envers Emmanuel Arago. Il obtint de Jules Favre qui l'aimait beaucoup, pour mieux dire, tant la chose était difficile, il lui arracha la promesse de plaider pour moi. Depuis le procès Orsini, la notoriété de Jules Favre n'avait pas cessé de grandir, et il était extraordinairement en vedette. Un autre motif nous rapprochait Emmanuel et moi, notre affection pour Henri Cernuschi, cet esprit éminent, ce bon républicain, cet excellent Français qui forma sa demande en naturalisation le jour du désastre de Sedan. J'ai dit : bon Français, mais je dois ajouter qu'il était républicain avant que français ; s'il adorait la France, c'est surtout qu'il y voyait le seul pays capable d'organiser la « répoublique ». On me ferait plaisir de m'expliquer pourquoi le Conseil municipal de Paris, qui inscrit sur ses plaques bleues les noms les plus hétéroclites, a songé si tardivement à faire la part de celui qui nous donna, — *nous, i. e.* les membres du Comité antiplébiscitaire de Paris, dont j'étais, — deux cent mille francs pour faciliter nos moyens d'action, et qui est mort en faisant à Paris un cadeau plus que royal. Tout le temps qu'Arago séjourna à Berne en qualité d'ambassadeur près la République helvétique, il déjeunait, à chacun de ses voyages à Paris, au moins une fois chez Cernuschi, et celui-ci ne manquait pas de m'écrire : « Emmanuel sera ici demain. »

*Jules Ferry.* J'ai connu Ferry avant tous les autres républicains de ma génération, en entendant par ce mot les hommes nés dans une certaine période décennale : 1827-1837. Notre amitié s'est formée lentement, graduellement, devenant plus étroite d'année en année, sans jamais subir d'interruption, non seulement dans son fond, mais dans son *crescendo* régulier. J'ai passionnément à cœur d'établir ce fait aux yeux de quelques personnes que mes travaux actuels intéressent et qui penchent un peu, je crois, à me prendre, vu l'abus que je fais des langues mortes, pour un vieux rat de bibliothèque. Ç'a été une grande calamité pour moi que la rupture qui, en me séparant de Gambetta, me donna le dégoût presque invincible de la vie « politique ». Cependant j'avais été actif, et le langage même de Gambetta l'atteste, avant ce pénible événement dont aujourd'hui encore je ne comprends pas bien les causes. Je l'ai été aussi *après*, d'une manière, il est vrai, un peu différente. C'est sur cette période que je me plais à invoquer les témoignages de Jules Ferry, plus entiers, plus complets, plus chaleureux de beaucoup à la veille de sa mort qu'au moment de nos premières rencontres. Les lettres assez nombreuses qui me restent de lui ne verront sans doute jamais le jour. C'est pourquoi j'ai prié qu'on en reproduisît deux ou trois dans ce volume, en les accompagnant de quelques autres menus textes qui concluent dans le même sens.

*　*　*

Pour être tout à fait exact et avoir l'occasion de rendre justice à l'un des hommes notables de la troisième République, je dois rectifier légèrement la formule employée plus haut : « avant *tous* les autres républicains de ma génération. » Elle a le tort de laisser en dehors Charles Floquet avec qui j'entrai en rapports, dès 1849, à la conférence Crémieux. On ne saurait dire qu'elle ait beaucoup fait parler d'elle cette conférence. J'y ai pourtant rencontré des jeunes gens fort distingués, surtout étrangers, notamment un Chilien, nommé Bilbao, mort à vingt-cinq ans, et qui m'avait paru destiné à jouer un grand rôle. Elle se tenait 6, rue Monsieur-le-Prince, tout à côté de la maison d'Auguste Comte, dans la chambre de Faustin Hélie, le fils du célèbre criminaliste, en dernier lieu président du Conseil d'État.

*Charles Floquet.*

Hélie, en ayant été l'organisateur, lui avait donné le nom de son parrain. Moi, j'y occupais le poste de porte-parole du parti « proudhonien » et d'interprète philosophique du système positiviste, ce qui permet d'évaluer exactement mon degré de cohérence mentale et la solidité de mes informations. Lorsque Proudhon était mis en cause, Jean Bratiano, futur fondateur du royaume de Roumanie qui n'existait alors que dans son imagination de moldo-valaque, se tournait vers moi, attendant la réponse dont j'allais le régaler. Il était « proudhonien » décidé. D'autre part, je n'hésitai pas à me charger du rapport sur le *système de philosophie positive;* et j'eus l'aplomb de rédiger ce document qui, je suppose, devait être fort instructif. A la conférence Crémieux, Floquet paraissait, mais ne parlait pas. J'ai toujours été, depuis lors, en bonne camaraderie avec lui; d'assez loin et sans que nous nous soyons jamais donné le souci de vérifier jusqu'à quel point allait notre communauté d'idées. Seulement, comme sous des apparences qu'il visait à rendre glaciales, il était fort impulsif, j'ai reçu parfois de lui, après lecture d'un article qui l'avait ému, des lettres singulièrement chaleureuses. Je n'ai jamais tant vu Floquet sur le terrain des affaires, que vers la fin de sa présidence du conseil, alors que les agissements du général Boulanger commençaient à prendre une tournure insupportable. Mais cette absence d'intimité donne plus de prix aux quelques lignes de lui que j'aurai à citer en confirmation de certains jugements portés sur moi par Gambetta et par Ferry. Je n'essaierai certes pas de placer Floquet au rang des hommes de la troisième République qui se sont préoccupés, sciemment et délibérément, de faire prévaloir l'ensemble de vues théoriques que j'ai qualifié ailleurs « d'ordre républicain ». Mais il y a un mérite qui lui appartient plus qu'à tout autre : c'est d'avoir compris que le nouveau régime, agissant au rebours de ses prédécesseurs, devait assurer sa prééminence et sa stabilité en détruisant systématiquement les entraves quelconques qui empêchaient ou embarrassaient l'exposition des opinions quelles qu'elles fussent. Jusque-là il avait été d'usage invariable que tout gouvernement nouvellement né, après s'être complu dans l'exercice le plus entier des libertés de réunion et de publication, mit ensuite son plus ardent souci à leur susciter de croissantes gênes. Chaque restriction promulguée lui apparaissait comme une garantie de plus pour sa durée et son salut. Au contraire, la République, aussitôt passée entre les mains des républicains, n'eut rien de plus pressé que de briser tous les liens et de subvertir toutes les barrières ; en sorte qu'elle put arborer la loi de 1881 comme un admirable plumet à son chapeau. Elle en a retiré d'immenses profits, tant moraux que matériels. La liberté d'écrire est devenue chez nous aussi habituelle et nécessaire que l'air qu'on respire. Et comme Floquet fut la cheville ouvrière du texte législatif à qui nous devons ce bienfait, il se trouve ainsi, au point de vue pratique, avoir prêté un précieux concours à la création de « l'ordre républicain », positivement conçu. Par là, il a mérité qu'on le rapprochât de Gambetta et de Jules Ferry ; ce qui explique et excuse la présente digression.

\*\*\*

Je profiterai des considérations précédentes pour bien marquer la part prise par Ferry à la fondation d'une république gouvernementale. Son influence fut assez différente de celle qu'exerça Gambetta, mais elle fut, elle aussi, prééminente, et ils succombèrent, hélas ! l'un et l'autre, laissant leur tâche inaccomplie. Malgré mon parti pris de ne point me hasarder en des appréciations de la politique tout à fait contemporaine, je ne peux m'empêcher de dire qu'on a trop oublié à leur égard ce qui est dû aux hommes vraiment supérieurs, une fois leur supériorité constatée. Ils sont si rares ceux qui ont reçu la capacité de gouverner ! D'autre part, ceux qui sont doués de pouvoirs spéciaux de parole ou d'écriture pour l'attaque et la destruction sont tellement nombreux ! Tout esprit bien équilibré devrait y regarder à deux fois, à dix fois, à cent fois, avant de se rendre complice d'agressions visant à dépouiller un vrai chef politique de la pleine responsabilité de son action. Gambetta n'est resté que deux mois et demi à la tête des affaires, comme président du Conseil ; c'est-à-dire cinquante-cinq jours de moins que

*Retour de Ferry.*

le temps de sa dictature militaire dont j'ai dit ailleurs ce qu'à mon avis on en doit penser. Ainsi, six mois et demi, voilà le total des jours pendant lesquels il lui a été possible de faire profiter la France des dons exceptionnels qu'il avait reçus. Après quoi, ulcéré de trop de déceptions et abreuvé de déboires, il est mort à la fleur de l'âge. Ferry, lui, est resté un peu plus longtemps aux affaires. Il a pu y marquer son passage par deux opérations décisives : l'une intérieure, au ministère de l'instruction publique ; l'autre extérieure, la politique coloniale [1], et avec quelle admirable combinaison, dans les deux cas, des vues les plus élevées et des impulsions les plus pratiques ! Mais il fut presque constamment l'objet d'une polémique poussée à l'exécration furibonde, que rien n'excusait, que rien n'expliquait. Et il s'en est fallu de bien peu que ces abominables sentiments ne l'aient accompagné jusqu'au tombeau, sans compensation suffisante. Cependant, grâces au ciel, les derniers mois de l'existence de cet être héroïque, qui, depuis le coup de revolver de 1887, était « un mort qui se survivait quelque peu à lui-même »[2], ont épargné une telle honte au parti républicain et à la France.

*
\* \*

J'aurai l'orgueil de vous dire, dans ce petit coin de digression, *amici cari*, que j'y ai notablement contribué. J'avais beaucoup redouté de le voir rentrer dans la vie active, même par le Sénat, un club très « comme il faut » et très paisible. Mais une fois là, et le fauteuil présidentiel devenu vacant, il n'y avait pas à reculer ; coûte que coûte, dût-il être emporté au bout de quelques jours, il devait

---

[1]. Je ne crois pas exagérer en disant que, pour ce dernier cas, principalement quant à l'entreprise tunisienne, je jouai auprès de lui — il venait de me faire rentrer aux affaires — un rôle d'information et de conseil qui ne fut pas sans utilité. Au surplus, je n'en parle que d'après lui. En m'offrant son écrit intitulé *Les affaires de Tunisie*, il inscrivit sur la première page cette dédicace où éclatent sa générosité et son affection : *A mon ami de cœur et de pensée André Lavertujon, ce petit livre qu'il eût mieux fait que moi. Jules Ferry.*

[2]. Je cite cette formule qui nous était commune à Jules Worms, son médecin et son ami, et à moi. La balle du 10 décembre l'avait tué virtuellement. Pour continuer à vivre, il aurait dû ne pas bouger.

monter à ce poste, couronnement de sa belle carrière. On n'a pas idée des objections mesquines, minuscules, mais tenaces, que les plus sensés soulevaient contre ce plan. C'est la dernière fois que j'aie fait appel aux qualités actives dont la nature m'a si faiblement loti. Pendant quatre jours, j'ai sermonné tête à tête, l'un après l'autre, plus de soixante de mes collègues qui, par situation, par opinion, par sympathie, auraient dû épouser avec enthousiasme une telle candidature; et cependant ne voulaient pas en entendre parler. Feuilletez les journaux soi-disant modérés de la période. *Après* l'élection acquise, ils se mirent à crier que le Sénat venait d'élever une protestation splendide contre la plus stupide et la plus inique impopularité. Mais ce qu'ils disaient *avant*, lisez-le aussi, et vous verrez leurs vrais sentiments.

Je ne vise à aucune notoriété parmi les politiciens. Je ne quête pas de couronne civique. Dans mon état d'esprit actuel, il serait plus exact de dire que je m'en moque. Cependant, deux points me sont à cœur, je vous le confesse, mes très chers amis :

*a)* Ce que j'ai fait, et fait avec succès, pour décider les poursuites (dont l'initiative vraie partit du Sénat) contre le général Boulanger (cf. les lettres de Scheurer-Kestner, de Floquet et de Laferrière), tellement qu'on me bombarda juge d'instruction, bien que je n'aie jamais ouvert un code; et juge d'instruction je suis resté jusqu'à ma sortie du Sénat;

*b)* Ce que j'ai fait, et avec un succès qui me récompensa de mes fatigues, — elles avaient été accablantes, — pour que Jules Ferry fût élevé à la présidence (cf. une lettre de Trarieux — que je n'avais pu convertir — et dans laquelle il constate le témoignage d'André Lebon, alors très intelligent chef de cabinet du président sortant Le Royer). Cette élection hâta sa mort de deux ans, de trois ans, de quatre ans peut-être. Mais on lui fit de glorieuses funérailles. En sorte qu'aujourd'hui le pays républicain n'a pas à rougir et à se repentir de la honteuse attitude qu'il avait d'abord paru vouloir suivre, en laissant s'éteindre dans l'impopularité, l'obscurité et l'oubli, un homme à qui nous devions tant.

.*.

Ce que j'ai dit de Gambetta, concernant l'ordre républicain et les sources réelles de ce sentiment, s'applique à Jules Ferry, avec cette nuance qu'il était, lui, pleinement positiviste. Il acceptait ce qualificatif dans son sens religieux. Du moins, ai-je conservé cette impression d'après les entretiens où, pendant ses dernières années, il m'écouta souvent lui lire ou lui exposer les lignes principales de mon travail sur Martin de Tours, appuyé d'une étude systématique du iv° siècle d'après Sulpice Sévère. Comme ce travail s'efforce de mettre en relief, par voie historique, les théories les plus importantes et les moins connues d'Auguste Comte sur la révolution monothéique et son caractère presque exclusivement social ; sur le régime militaire de conquête, transformé en régime défensif par l'incorporation romaine et devenu ainsi la cause spontanée des institutions féodales ; enfin sur la fondation, ébauchée non par des théories, mais par les faits, d'un pouvoir spirituel indépendant, expression de la cité morale ou Église, que le monde gréco-romain avait entrevue [les sanctuaires, la pythie] et qui allait contrôler l'antique et exclusive prépondérance du pouvoir temporel, — il me semble bien que l'approbation sans réserve, accordée à de telles vues, m'autorise à affirmer qu'il les partageait. Seulement, je dois confesser que ses convictions étaient loin de s'étayer sur une base doctrinale bien assurée. D'ailleurs, homme de gouvernement, éminemment propre au gouvernement, il se plia toujours sans hésiter aux nécessités immédiates. On put le voir parfois agir en sens contraire de ce que la sagesse positive aurait dicté. Par exemple, quand, pour un profit électoral, il accompagne le soi-disant positiviste Littré dans ses aventures franc-maçonnes. C'est un des rares cas où nous nous heurtâmes directement et même violemment. Il se mettait, en effet, et sans excuse valable, pleinement hors du positivisme. Ce n'est pas le temps d'apprécier la maçonnerie intellectuellement (sur ce terrain je ne pense d'elle que du mal). Mais il ne me plairait guère de le dire à l'heure où je vois tels et tels attaquer, avec une rare hypocrisie et un merveilleux bénéfice, les maladresses, au fond bien intentionnées, qu'elle a pu commettre; et aussi tels ou tels autres, moins pervers, mais beaucoup plus niais, faire à ces éjaculations d'une moralité de commande un accueil excessif et disproportionné. Seulement, sans frapper les gens à terre, je puis bien dire — ou plutôt répéter, car j'ai ainsi parlé en d'autres places — que l'institution maçonnique est, de nos jours, ce qu'il y a au monde de plus contraire à l'esprit positif : et cela sous des formes infiniment plus surannées et risibles que les rites catholiques, lesquels ont, au moins, un apparat et une valeur esthétique impossibles à contester. Ferry eut donc grand tort de suivre Littré dans ses appétits, très sournois mais très débridés, de réclame. En revanche, dès que les principes commandaient clairement, y eût-il un risque à courir pour la considération personnelle et les relations, Ferry accomplissait tout son devoir sans emphase ni vain étalage. Comptez sur les doigts tant d'endiablés « philosophes » qui ont fini leurs jours de la façon la plus édifiante. Le roi Louis-Philippe, personnage très typique et pas du tout commun, se voyant mourir, fit appeler un prêtre qui lui administra le pain eucharistique. Ce sacrilège accompli, — car le bon roi était incrédule dans l'âme, — il se tourna vers sa femme et lui dit : « Es-tu contente, Amélie ? » Généralement, c'est ainsi que font les « Cousiniens ». Un peu plus engagés, Taine et Renan demandèrent à être conduits au temple protestant. Ces deux « maîtres de la pensée moderne » estimaient par là qu'ils s'inclinaient devant le « progrès. » Ferry, lui, a été enterré civilement. Il donnait ainsi à entendre que les clergés théologiques de toute nuance ont perdu le privilège de présider utilement à des cérémonies d'importance capitale, telles que l'entrée dans la vie, le mariage, les obsèques, et qui exigent, cela n'est point douteux, l'intervention religieuse. Seulement pour que de semblables fonctions se remplissent, il faut qu'il existe une religion, au sens où ce grand mot, « le plus beau des mots, » signifie un plein accord des esprits et des cœurs par l'existence de convictions unanimes sur les questions qui nous intéressent le plus. Entendu ainsi, — et je défie qu'on l'entende autrement, — le mot *religion* a cessé d'être applicable aux opinions théologiques, celles-ci n'étant aujourd'hui, comme depuis cinq siècles, que des prétextes à disputes, des motifs de discorde, une source d'où coule inépuisablement la haine, l'aveugle haine, la pire de toutes les haines, *odium theologicum pessimum*. En de pareilles circonstances, qu'il serait puéril de nier, car elles crèvent les yeux, il vaut mieux attendre que la religion se reconstruise; et alors s'adresser aux représentants du pouvoir temporel les plus respectés, les magistrats municipaux, pour leur demander la solennisation des grands événements sociaux. Ferry voulut donc être enterré civilement. Il s'était, de même, marié à la mairie, ayant d'ailleurs eu le bonheur de s'unir à une femme pleinement émancipée d'esprit et de cœur, — ainsi qu'il me l'écrit dans une lettre qu'on pourra lire plus loin, — M<sup>lle</sup> Eugénie Risfler, actuellement M<sup>me</sup> veuve Jules Ferry, mon amie très respectée et très affectueusement saluée.

Jules Simon.

J'ai dit que j'écrivais ce paragraphe des « trois noms », pour écarter les conséquences que l'on pourrait tirer de certaines paroles de Gambetta. Les réserves que j'ai à faire au sujet de Jules Simon sont moins nettes. Je ne pourrais dire de lui, comme je l'ai fait d'Arago et de Jules Ferry : « nous ne nous refroidîmes jamais. » C'est pourquoi je désire débuter par un détail en pleine harmonie avec mon dessein de rester bienveillant à l'égard de tout le monde. Emmanuel Arago, au cours d'un voyage à Paris, que nous faisions ensemble, — automne de 1859, je crois, — me dit : « Ce soir, attendez-moi à votre restaurant. Je viendrai vous prendre pour aller chez Carnot. » L'ayant vu venir de loin, à travers la glace, dans le passage de l'Opéra, je courus vers lui : et tout de suite je m'inclinai devant la personne qui le tenait par le bras, en disant : « Monsieur Jules Simon, je suis heureux de vous saluer. » Simon, avec un haut le corps de surprise jouée, s'écria : « Et d'où me connaissez-vous ? » — « De la Sorbonne, » répondis-je, « de votre cours sur la politique de Platon; mais plus spécialement de votre dernière leçon, celle où je vous entendis élever une protestation indignée contre l'ignoble coup d'État qui s'accomplissait à ce moment. Ce sont des choses qu'on n'oublie pas. » Il est certain que, ce jour-là, comme courage, comme pureté de sentiment, comme noblesse d'âme, et comme beauté de langage, Jules Simon s'éleva au-dessus de lui-même. Lorsque je veux éloigner de mon esprit les ressouvenances moins agréables que peuvent éveiller quelques-uns de nos rapports ultérieurs, je me transporte à la Sorbonne le 9 décembre 1851. J'étais assis à côté de M. de Rémusat, que je ne connaissais pas. Je le voyais autant remué que moi par ces magnifiques paroles, et il y eut une minute où, rien que par le besoin de communiquer notre émotion, nous nous serrâmes la main. Depuis, il m'a raconté, — car j'eus la chance inappréciable de devenir l'ami très respectueux de cet homme éminent, de ce charmant esprit; il valait plus, dans son petit doigt, comme on dit, que vingt Vogüé ou autres académiciens de même farine, qui placent la distinction suprême à traiter comme un jeu adroit de police, un massacre aussi bassement, lâchement et cruellement organisé que tel acte analogue des machiavélistes italiens du xve siècle; — M. de Rémusat m'a raconté, dis-je, qu'en quittant la Sorbonne, il avait instamment recommandé à Jules Simon de ne pas coucher à son domicile, en prévision d'une arrestation plus que probable. Or ce fut lui qui, le soir même, se vit mettre la main au collet et emprisonner par la troupe de bandits qu'admirent et qu'amnistient les bafouilleurs « idéalistes » de la catégorie du sire de Vogüé.

Après qu'Arago m'eut fait connaître Simon, je devins, très vite, presque comme un membre de sa famille. J'éprouvais pour lui une admiration sans mélange ni réserve. La dissidence philosophique — il était et fut toujours déiste aussi sincère qu'exalté — n'y faisait rien. Nous ne parlions jamais de cela. Et puis, je ne songeais guère qu'à l'écouter; et je ne pense pas que jamais homme ait été aimable, spirituel, intarissable en anecdotes, plein de science précise et de bonhomie à l'égal de lui. J'ai beaucoup voyagé avec Simon; nous avons traversé ensemble la France en plusieurs sens. Quelles délices d'être ainsi en la compagnie d'un cicerone qui semblait savoir tout et qui improvisait sur tout, en parlant comme un livre. C'était à peu près l'époque où la vie parlementaire reprenant quelque activité, je me mis à réhabiter à Paris pendant les six mois de la session. On ne voyait que moi au numéro 10 de la place de la Madeleine, où était situé le « grenier » de Simon. Il appelait ainsi son appartement du cinquième étage. Je faisais partie inamovible des dîners du jeudi qui précédaient une réception, de plus en plus courue; et où l'on rencontrait tous les représentants de l'opposition à l'Empire. Elles étaient devenues un centre important de ralliement. Quant aux dîners de douze couverts, — bien serrés, — il s'y voyait autant d'orléanistes que de républicains : d'Haussonville, Mignet, Saint-Marc-Girardin. Les nouvelles les plus fraîches et les plus friandes, celles qu'on n'imprime pas et même qu'on ne raconte qu'à bon escient, y étaient fournies en abondance; et j'ai retenu de ce temps des récits qui seraient fort amusants si c'était la place. Au surplus, soirées et dîners à part, Simon s'astreignait à rester chez lui à certaines heures, de façon à ce qu'on fût toujours assuré de le rencontrer. Et grâce à son affabilité et à l'incomparable charme de sa conversation, on y venait de tous les points de Paris, je pourrais dire de tous les points de la France, soit pour y apporter des informations, soit pour en recueillir. Un jour que nous étions seuls, je vois entrer l'acteur Bocage, vieilli mais toujours républicain passionné. Je le connaissais très bien de vue. En serrant la main à Simon, il lui dit, du ton de quelqu'un qui pense apporter quelque chose d'intéressant : « Vous savez que Lavertujon est ici. » C'est un des premiers indices qui me soient parvenus que j'arrivais à être comme une « notoriété ». Vous pensez si mes sentiments vaniteux en furent agréablement chatouillés.

Quand je n'étais pas à Paris, Jules Simon m'écrivait deux et trois fois par semaine. Il existe dans le tas de mes correspondances plus de cent cinquante lettres de sa ferme, souple et spirituelle écriture. A la section *Photogravures*, vous en trouverez une où il me raconte les premiers temps de sa vie, si durs et si pénibles, en un résumé rapide et saisissant. Elle n'est pas tout à fait inédite : je l'ai publiée au bas d'un article que je consacrai à son livre sur le *Travail*. Mais elle vaut bien d'être tirée de cette catacombe qu'est la collection d'un journal quotidien. L'autre lettre qu'on a voulu aussi photographier avec ses plis, ses replis et ses lignes en travers, montre avec quelle attention et quelle sollicitude mon éminent correspondant s'attachait à me renseigner, presque jour par jour, sur les choses de la politique. Elle fait voir aussi qu'il aurait facilement transformé ses informations en injonctions, témoin la mauvaise humeur que lui inspire le fait que j'avais, dans une série d'articles très étudiés, apprécié le problème de la réorganisation de l'armée, tout à fait autrement que les républicains de la Chambre, et lui en particulier. Ces débats de 1868, si pleins d'importance quand on songe à ce qui bientôt allait les suivre, ne firent guère honneur au sens pratique de la gauche républicaine. Ils justifient amplement le contraste que j'ai établi ailleurs au bénéfice de Léon Gambetta.

Ceci m'amène à avouer que Jules Simon, qui me comblait de marques d'amitié, avait d'autre part des exigences difficiles à admettre. Si je passais deux ou trois jours sans aller chez lui, il écrivait à mon collaborateur, M. Massicault, qu'il ne m'avait pas vu depuis plus d'une semaine « sous prétexte d'une légère grippe ». Nous avions eu, au reste, un premier différend, assez grave, au moment et à propos de l'Exposition universelle de Londres. Ces cas se multiplièrent. En 1869, il se plaignait ouvertement d'être négligé par moi pour d'autres relations plus récentes. Lorsque Gambetta met en doute son bon vouloir vis-à-vis de ma candidature parisienne, il exagère. Mais c'est qu'il savait qu'après m'avoir, en quelque sorte, contraint de me poser en prétendant à sa succession, Simon avait pris ensuite une attitude tout à fait autre par des motifs, dont lui, Gambetta, n'était pas aussi disposé que moi à reconnaître la légitimité. Et puis ne lui avait-on pas répété que Simon allait partout disant que je ruinais mes meilleures chances en abandonnant la bataille pour le suivre à Ems ? Ces dissidences tournèrent de plus en plus à l'aigre. Au moment de la formation du Comité antiplébiscitaire où Gambetta, manœuvrant devant tous les rédacteurs en chef républicains de France confondus avec les députés de Paris, trouva moyen de faire triompher ses vues au nez, à la barbe et contre le désir de ses collègues, le désaccord avait atteint au maximum. Rappeler de tels incidents, sans entrer dans leurs détails, qui seuls pourraient être utiles pour l'histoire du parti républicain entre 1863 et 1870, c'est, en apparence, de l'encre et du temps perdus. Mais voilà, j'avais besoin de leur donner place ici : parce qu'ils convergent tous, plus ou moins, vers un point culminant, le voyage à Bordeaux, en février 1871; et qu'ils préparent les explications que j'aurai à fournir sur cette mission délicate et difficile à laquelle j'eus l'air d'être associé, sans en avoir jamais connu que les précautions, les sous-entendus et les défiances.

A partir de l'année 1873, où Simon trouva le moyen de me blesser irrémédiablement, je n'ai jamais remis les pieds au « grenier » de la place de la Madeleine. Nous nous rencontrions amicalement dans la rue. Il est même venu chez moi pour me demander de l'aider, comme journaliste, au moment de son fâcheux ministère sous la présidence de M. de Mac Mahon. Enfin je l'ai revu au Sénat, mais sans avoir jamais échangé un mot de politique et sans avoir repris, en rien, notre ancienne intimité. Je me ressouviens seulement qu'un jour qu'il me décrivait les attaques que lui faisait subir la vieillesse, et comment il était devenu à peu près aveugle, il me dit : « Je m'ennuie affreusement. » Ce mot me frappa, parce que je l'avais déjà recueilli de la bouche de Challemel-Lacour. L'ennui est un mal qui m'est toujours resté si absolument étranger, que j'éprouvais de la surprise à le voir jouer un tel rôle auprès d'hommes supposés remplis de convictions morales et religieuses, profondes et solides. Challemel, je m'en suis aperçu en discutant avec lui, de bouche et par écrit, son discours de réception à l'Académie sur Renan, était aussi résolument déiste que Simon. Une conviction religieuse et morale qui ne vous préserve pas de cette humiliante maladie de l'ennui, quand arrive l'heure où l'activité devient impossible, qu'est-ce que ça peut bien valoir ?

J'ai dit plus haut que je n'avais jamais eu avec Simon le

moindre entretien sur les questions de cet ordre, à l'époque où il publiait des livres comme la *Religion naturelle* et le *Devoir*. Mais dans nos conversations du Sénat, comme je le complimentais sur une fort belle notice qu'il venait de consacrer à Fustel de Coulanges, je lui fis remarquer qu'en bonne équité critique, il aurait dû constater que le fond solide du livre de Fustel qui a le mieux réussi, la *Cité antique*, n'était qu'une mise en œuvre de la grande théorie d'Auguste Comte sur le fétichisme initial; — à cela près que Fustel, en utilisant les vues du philosophe, a commis cette perpétuelle méprise de considérer comme un trait propre à l'évolution gréco-romaine ce qui est un caractère qui a marqué les premiers développements de l'esprit humain sous toutes les latitudes; l'hypothèse fétichiste étant le vrai et nécessaire fondement de toute science, de toute religion et de toute philosophie. « Mais — ajoutai-je — pour vous autres académiciens, Comte n'existe pas. » A mon grand étonnement, Simon me répondit : « Vous avez bien tort, en ce qui me concerne. J'ai connu Comte et nous étions très bons amis. Nous nous rencontrions aux Italiens, et il m'a toujours donné des marques de sympathie. En revanche, il abominait Saint-Marc-Girardin ; et lorsque celui-ci venait se mettre à côté de nous, il me faisait un signe de dégoût, détournait la tête et ne desserrait plus les dents. » Cette sortie inattendue me plongea dans une stupéfaction, d'ailleurs agréable. Mais vous savez, tel que je connaissais Simon et avec tout ce que je lui avais vu faire en ce genre, vous me prouveriez que Comte lui était totalement inconnu et que l'histoire que je viens de vous redire, il venait, lui, de l'inventer pour me faire plaisir, je n'en serais pas autrement surpris.

---

*On est asservi aux idées et aux doctrines du suffrage universel.* [Lettre XII, p. 34.] — Il est plusieurs fois question, dans ces lettres, du suffrage universel, soit considéré comme théorie applicable à la formation du pouvoir politique, soit invoqué comme base d'une ligne de conduite à suivre vis-à-vis du

Gambetta et le suffrage universel

gouvernement impérial. Je dois distinguer bien nettement ces deux points de vue, car je ne me trouvais vraiment d'accord avec Gambetta que sur le second.

*°*

Il s'en faut de beaucoup que l'élection soit un procédé idéal et parfait pour constituer l'autorité sociale et politique. Elle a, au contraire, même dans les cas où elle se justifie le mieux, un vice fondamentalement révolutionnaire qui consiste en le fait antipositif de placer le choix des supérieurs entre les mains des inférieurs. On confond fréquemment l'électorat et l'éligibilité. Celle-ci a toujours tendu à se manifester par le seul effet des lois naturelles fonctionnant régulièrement; et c'est un des incontestables progrès résultés de la Révolution qu'il puisse surgir, de tous les rangs de la masse nationale un candidat aux divers postes gouvernementaux, sans autres conditions que sa capacité et son aptitude. Sous ce rapport, la République peut se vanter d'avoir dignement institué l'état normal de notre espèce, en éliminant les obstacles artificiels qui existaient encore. Mais que la constatation de l'aptitude et de la capacité appartienne exclusivement au plus grand nombre, c'est ce qui ne peut être admis sans de nombreuses réserves et des précautions multipliées.

Depuis 1789, l'électorat a été considéré comme un des moyens de constituer la puissance publique, même dans les cas où l'hérédité prétendait à reprendre son ancien rôle. Maître exclusif de 1792 à 1800, les variations qu'il a subies ensuite ne l'ont jamais diminué au point de le supprimer; et il a fini par redevenir, en 1870, ce qu'il était en 1792. On doit donc y voir un état légal, issu expérimentalement et, par suite, légitimement de notre évolution historique. Mais il ne serait ni prudent ni positif de se déclarer « asservi à ses doctrines ». D'abord, parce qu'il n'a pas de doctrines; ou qu'il peut, ce qui est pire, en changer du jour au lendemain, et il ne se gêne pas pour le faire. Ensuite, parce que, s'il n'a pas de doctrine, il a des décisions, lesquelles peuvent être inacceptables, comme, par exemple, c'eût été le cas si on l'avait consulté au mois d'octobre 1870 sur la guerre et sur la paix. Au surplus, sous ce rapport, et dans nos lettres même, Gambetta pose très nettement qu'une fois le mandat décerné par le suffrage universel « l'action est œuvre de jugement individuel »; et elle n'est méritoire et efficace qu'à condition de procéder uniquement de l'indépendance du député. Ce qui est vrai, par exemple, et en contradiction avec les idées régnantes sous Louis-Philippe, — M. Guizot n'admettait alors que deux cent mille électeurs et M. Thiers consentait libéralement à grossir ce chiffre d'une vingtaine de mille, — c'est que l'extension de la capacité électorale à ses plus extrêmes limites, loin de faire regretter le régime censitaire, a mis en relief son incapacité et son indignité. Aussi, depuis que la France est entrée dans cette voie, a-t-on vu les autres nations la suivre très vite et se rapprocher d'elle de très près. Le suffrage universel, au lieu d'être un épouvantail, comme il y a soixante ans, n'a que trop souvent été employé, à titre d'allié utile, par les Machiavels de la rétrogradation. Sans doute, il a bientôt des retours en sens inverse où éclate sa vraie nature. Néanmoins, les faits que je viens de rappeler indiquent suffisamment qu'il serait peu positif de le traiter comme le maître des maîtres et de voir en lui un fondement toujours sûr pour l'ordre et la liberté. Il faut des mœurs solides, qui le contrepèsent, et une opinion éclairée et forte, capable de lui faire échec dans ses emportements.

Maintenant, si tout en voyant dans le suffrage universel l'état légal spontanément issu de notre histoire et en reconnaissant ses mérites, je n'étais néanmoins pas disposé à fermer les yeux sur ses dangers, il est un point où je me trouvais entièrement d'accord avec Gambetta. Longtemps même avant de le connaître, j'avais emprunté aux libéraux avancés des dernières années de la Restauration une formule qui, légèrement modifiée, s'appliquait de façon très directe à notre œuvre d'opposants à la fois résolus et réfléchis. Il faut, disais-je, enfermer l'empire dans le suffrage universel comme Charles X dans la Charte. Au lieu de conspirer contre lui, nous devons, au grand jour et en pleine lumière, pied à pied, pouce à pouce, le contraindre à subir les conséquences nécessaires du mode de suffrage d'où il se prétend issu; et par ce moyen lui enlever, une à une, toutes ses raisons d'être. Or, si vous regardiez bien ce qu'était l'Empire en 1869, vous verriez qu'il avait perdu les principaux points d'appui de l'Empire de 1852; et comme sa moralité était moins que nulle, il devait tomber à la première secousse de dignité et de sentiment qui — le libre droit de parler étant revenu — ébranlerait l'opinion. En conséquence, je n'avais donc eu aucune difficulté à accepter le titre que Gambetta voulait donner à *mon* ou à *notre* journal. Ce titre était : *Le suffrage universel*, et nous voici arrivés à la seconde partie de cet exposé.

\*\*\*

Pour être exact, je devrais ici substituer à la citation placée au début du présent paragraphe ces phrases de la lettre XIII : « La politique du suffrage universel, voilà l'intitulé de notre programme et de notre parti. »... « C'est à satiété qu'il faut invoquer le principe du suffrage universel. » Alors, si je continuais ce sujet, il deviendrait bientôt visible que ce que je raconte ce sont les toutes premières origines de la *République française*. Cette feuille, en effet, a vécu primitivement à l'état fœtal et dans les langes du journal dont Gambetta me parle si souvent; qui le préoccupe si fort, et qu'il présente presque toujours précédé d'un pronom possessif par lequel j'en suis constitué le propriétaire. Mais, de loin en loin, la vérité perce. Il ne dit plus : *ton* nouvel organe. Il dit : *notre* journal. Il y voit le « cadeau de Noël » qui nous sera offert si nous sommes patients et sages. Puis, après avoir énuméré les opportunités et les chances d'une semblable entreprise, il s'écrie : « Qui fera l'affaire ? — *Nous.* »

Maintenant, le désir et l'espérance d'avoir à sa portée une feuille qu'il inspirerait n'était pas chez lui un fait nouveau à l'heure où il m'en parlait. Il y avait pensé dès la loi de 1868, comme cela résulte de notes de la main de Spuller restées dans mes papiers. Ce qu'il y avait de nouveau, c'était l'idée de me faire la cheville ouvrière de son plan. Lorsqu'après des ouvertures qui se rattachaient à un certain succès obtenu par mes articles de la *Tribune*, mais qui ne devinrent tout à fait nettes qu'après mon échec électoral, Gambetta m'envoya Spuller « au rapport », comme il disait ; celui-ci me lut, puis me laissa en main des matériaux d'espèces diverses. Il avait notamment accompli un voyage de circumnavigation en France et hors de France pour exposer à tous les républicains notoires et favorisés de la fortune l'urgence de suppléer à la nullité du *Siècle*. Outre ces renseignements, Spuller avait rédigé une esquisse indiquant la manière dont il comprenait l'organisation d'un journal. C'était tout à fait insignifiant, sauf de très justes critiques contre les deux feuilles parisiennes qui avaient l'air de veiller aux intérêts du parti républicain et ne lui faisaient que du mal. Le tout se réduisait à constater un échec final et complet. En sorte que lorsque Gambetta me parle des impatiences qu'il suppose que j'éprouve par suite des hésitations de M. D... et de l'insuffisance des autres commanditaires, ce sont plutôt ses sensations, à lui, qu'il exprime. Les « organes » ne me manquaient guère en ce temps-là. J'en avais, au contraire, accepté en surabondance, sous la pression du besoin d'argent, suite inévitable de mes candidatures. Au fond, d'ailleurs, la *Gironde* avait acquis une situation qui me suffisait et même me plaisait, depuis qu'elle ne mettait plus d'obstacle à mon amour pour Paris. Je fus donc amené à exposer à Gambetta, avec des développements assez étendus, mes façons d'envisager le journalisme, en interprétant les causes qui m'avaient valu le succès et en utilisant l'expérience acquise par douze ans d'exercice. Il m'est resté quelques débris de ces communications et j'avais le dessein de les employer ici, comme à leur place naturelle puisque c'est de Gambetta que ce petit livre s'occupe et qu'elles avaient été écrites pour lui. Seulement, j'ai mal mesuré mon temps ; j'en ai trop donné aux choses que, d'abord, je ne comptais pas traiter ; et il ne m'en reste plus assez pour celles qui sont indispensables. Or, indispensable, la matière dont je viens de parler, si elle peut avoir de l'intérêt et de l'utilité, ne l'est certainement pas. Je brusquerai donc cette note, en disant simplement que le projet de journal dont nos lettres sont pleines fut poursuivi régulièrement jusqu'aux approches de la guerre.

A certain moment, il semblait assez avancé pour rendre nécessaire une négociation entre nous et M. Jouffroy, le fils du célèbre philosophe éclectique, qui avait annoncé par déclaration officielle la publication prochaine d'une feuille intitulée : *le Suffrage universel*, ce qui lui conférait un droit de priorité. Les événements extérieurs arrêtèrent tout. Après la guerre, lorsque Gambetta reprit son ancienne entreprise, je n'étais plus en ligne. Quant au titre, il devenait désormais inutile de prendre des détours. En 1869, « suffrage universel, » cela signifiait pour nous, indirectement mais clairement, le droit permanent du peuple à modifier, selon son gré, la fonction exécutive, c'est-à-dire la République. En 1872, comme il n'y avait plus lieu à circonlocutions, tout naturellement et directement le journal de Gambetta s'appela : *la République française*.

---

Le mamamouchat.

*Je ne le conseillerai pas la même abstention au sujet du banquet du 22 septembre.* [Lettre X, p. 29.] — Certainement, je n'avais point besoin d'une semblable recommandation. Pour s'en assurer, il n'y a qu'à lire (p. 94-97) ce que je dis de la pérennité, tantôt patente, tantôt latente, du régime républicain depuis 1792. J'y indique comment cette théorie m'avait été dès longtemps suggérée, sous les espèces un peu vagues de l'érudition et du paradoxe, par le système historique de Comte, que je ne connaissais, du reste, en ce temps que d'une manière confuse et indécise. On ne sera peut-être pas fâché de rencontrer à cette place quelques-uns des textes dont j'ai parlé comme m'étant restés étrangers jusqu'à ces derniers temps. Le premier que je citerai date de 1852, au lendemain de la réinstallation de l'Empire. « Au fond, écrivait Comte à M. Richard Congreve, la situation républicaine de la France n'a pas réellement changé; sa suspension reste purement officielle. Un dictateur tyrannique s'y trouve simplement transformé en un ridicule personnage de théâtre, le vrai *mamamouchi* de Molière. Il se croit et on le croit *légalement* devenu inviolable et héréditaire, d'après la décision des paysans français, qui pourraient, avec autant d'efficacité, lui voter deux cents ans de vie ou l'exemption de la goutte... Il n'existe d'ailleurs aucun intérêt collectif qui soit sérieusement lié à cette *mamamouchade*. »

A un autre correspondant, Auguste Comte fait les mêmes déclarations, en 1853: « Notre situation n'a jamais cessé d'être réellement républicaine depuis soixante ans; et elle le sera de plus en plus, quel que soit le nom que prenne ou reçoive le chef du gouvernement, et quelques hallucinations qu'il inspire. » (*Correspondance*, III.)

La seule erreur de Comte, en cette matière, fut de ne pas apprécier avec exactitude le degré d'affaissement moral où la nation était tombée; il supposait qu'au bout de très peu de mois cette mascarade impériale nous donnerait à tous la nausée. Il y fallut plus de temps, et une crise extérieure presque mortelle. Voici encore une citation, analogue aux deux précédentes : « Au point de vue historique, la royauté française se trouve irrévocablement abolie depuis le 10 août 1792, sans avoir été jamais rétablie ensuite, malgré les illusions où l'on prit des noms pour des choses. La moins consistante de ces fictions politiques est le *mamamouchat* actuel. » (*Correspondance*, III, 126.)

---

Cette section de notre petit volume (cf. de page 153 à page 217) ne demande que des commentaires très brefs, spécialement pour ce que nous avons appelé « le dossier Jules Favre ». Les textes en caractères mobiles suffiront à expliquer les pièces photographiées et gravées. Quant à leurs auteurs, j'ai dit plus haut tout ce que j'avais à en dire. Je ne pourrais que me répéter. Le principal d'entre eux, Jules Favre, ne m'a jamais inspiré une bien grande estime intellectuelle, et je ne m'en suis pas caché. C'était le lieu commun incarné, le goût des phrases qui traînent partout et servent à tout, avec d'incroyables défaillances de mémoire. Dans la préface de ses *Discours*, recueillis en un petit in-douze destiné à justifier son élection à l'Académie française, il

Les photogravures

confond le cardinal Fleury, précepteur puis premier ministre de Louis XV, avec l'éminent Claude Fleury qui, tout prêtre catholique qu'il était, écrivit l'*Histoire de l'Église* en vrai philosophe. Comme Jules Favre me montrait son volume non encore définitivement mis en pages, j'essayai de suggérer une correction, sans autre effet que d'exciter un très vif mécontentement. Mais ce n'est pas sous ce mesquin et insignifiant aspect qu'il faut le remettre devant nos yeux. Sa haute et austère probité, même dans les plus petits détails de conduite, sa sincérité que rien ne faisait fléchir, sa bonté, son courage étaient hors ligne; et il avait un don admirable pour exprimer avec des vibrations contagieuses tout ce qui était sentiment. Quand j'évoque le souvenir de Jules Favre, voici comme il me revient. C'est au Palais-Bourbon, alors Corps législatif, à une époque qui peut se fixer par le fait que M. de Morny était président et que M. Baroche était ministre. Ledit Baroche occupe la tribune; la Chambre, assommée par sa baveuse éloquence, est généralement endormie. Tout à coup, l'orateur, s'adressant je ne sais à quelle occasion aux hommes de la seconde république, — qu'il était d'usage courant d'invectiver, — prononça ces mots : « Votre gouvernement est tombé sous le mépris public. » J'avais, du fond d'une tribune de droite, vaguement entendu ces paroles, qui n'avaient rien que d'usuel ; et je restais somnolent, lorsque, de l'autre côté de la salle, un homme de haute taille dressa puissamment sa tête léonine, et d'une voix de tonnerre : « Notre gouvernement est tombé sous le parjure, la violence et l'assassinat... [un temps pendant lequel l'orateur reste le bras tendu vers la tribune en un geste de dénonciation...] Vous nous avez fait arrêter par des policiers, la nuit, dans nos lits, comme des malfaiteurs, nous, les représentants de la nation... » Je n'en entendis pas davantage, bien que Jules Favre, car c'était lui, continuât de parler. Cela, c'était chose qu'on ne disait pas tous les jours. Les députés, d'abord stupéfiés par la surprise et aussi la peur, entrèrent en grand tumulte. L'effroi pâlissait les visages devant cette évocation qui semblait remplir l'hémicycle des victimes sanglantes du massacre de 1851. On croyait ces souvenirs effacés. L'effronté Morny s'était brusquement levé, comme par un ressort, la face verdâtre. Au bout de ma jumelle, je voyais ses doigts à ongles recourbés s'agiter dans un spasmodique tremblement. Baroche, dont le courage n'allait guère au delà de l'insulte contre les gens sans défense, était totalement décontenancé. Ses joues flaccides lui tombaient au bas de la mâchoire, et c'était fort laid. Je ne discernai, à cette première minute, qu'une figure présentant son air accoutumé de méprisante provocation. Je veux parler de la tête de boule-dogue de M. Granier de Cassagnac; la face glabre, le crâne presque rasé, à la manière des forçats. Ce fut lui qui releva les courages. Mais quelle impression de puissance, de noblesse, et j'ose dire de vraie beauté m'ont laissé l'air, la voix, le geste de Jules Favre. L'effet fut tel qu'on décida qu'il ne serait rien fait, rien dit, ni rien publié. L'incident resta ignoré; il n'en a jamais été parlé nulle part. Moi-même j'en ai gardé comme un souvenir de rêve. Le silence était très solidement organisé à cette époque.

\* \*

Je vais, à présent, me permettre de donner quelques détails sur les reproductions de textes appartenant à Jules Ferry. Ce sera tout à fait personnel et j'en demande pardon. Une première lettre indique que Ferry était d'accord avec Gambetta pour apprécier mon échec électoral de 1869 et pour souhaiter vivement qu'il fût réparé par les électeurs parisiens. Ainsi se justifient les assertions qu'on a pu lire page 47. Une seconde lettre marque en termes dont l'affectueuse sincérité ne laisse rien à désirer, combien étaient forts et profonds les sentiments qui nous unissaient. Enfin une carte de visite, qui date, je pense, du printemps de 1879, me donne l'assurance de l'inébranlable fidélité de son amitié, à une heure décisive.

Il faut ici développer un peu. Le hasard d'un malheur de famille, la mort de ma mère, m'avait appelé à Bordeaux, de l'autre extrémité de la France. Des rencontres au cimetière, au moment où mourait un des députés de la Gironde, me firent fortuitement candidat. J'avais, au premier tour, battu de beaucoup mes trois concurrents, dont l'un était Auguste Blanqui; ensuite, au second tour, je me trouvai battu par ce même Blanqui, lequel n'avait eu d'abord que 500 voix, tandis que les deux autres s'étaient partagé 3,000 voix environ. Le cas était, certes, curieux pour qui connaît la circonscription : des électeurs bordelais choisissant Blanqui pour député ! Il est vrai que la presse de Paris avait puissamment contribué au résultat, surtout la *République française*. Les membres de mon Comité estimèrent qu'un article, affiché sur papier blanc la veille du vote, et intitulé : *Opinion du journal de M. Gambetta*, nous avait pris dans un seul quartier 1,800 voix « comme avec la main ». Je connus alors, dans sa dure réalité pratique, la classique antithèse du Capitole et de la Roche Tarpéienne. Dans les mêmes quartiers où l'on m'avait porté en triomphe, dans les mêmes locaux et, sans doute, devant les mêmes hommes ou à peu près, je me vis pendant trois mois insulté, bafoué, vilipendé avec des procédés d'autant plus pénibles qu'ils s'exerçaient dans leur primeur. C'était la première fois que les républicains se déchiraient entre eux, assurés désormais de la prépondérance par la retraite de M. de Mac Mahon et par l'avènement présidentiel de M. Grévy (30 janvier 1879). Ce début des haines intestines fut de premier ordre dans son genre. On n'a pas revu mieux depuis. Il égala et peut-être dépassa ce qui m'était arrivé en luttant contre le préfet de police Piétri, alors que mon nouveau collaborateur, M. Massicault, trouva opportun de recueillir en un volume, qu'il vendit très bien, les attaques dirigées contre moi par la préfecture et ses auxiliaires. Seulement, ce n'était plus le préfet qui me malmenait ; c'étaient des républicains qui, pour la plupart, faisaient beaucoup moins de bruit en 1863. Les accusations de jésuitisme, d'orléanisme, de vénalité pleuvaient sur moi dans une ville où j'avais vécu pendant quinze ans au grand jour et sous la surveillance d'ennemis qui ne m'auraient pas passé la moindre peccadille. A la dernière heure, il fut allégué et démontré, sur pièces authentiques, que j'avais fait, sous l'empire, un journal vendu au bonapartisme. Les feuilles de Paris rivalisaient, sur ce terrain, avec les orateurs bordelais. Plusieurs d'entre elles, prenant un vif intérêt à Blanqui, n'hésitaient pas à me faire payer très cher leur désir de le voir élu. Il faut reconnaître qu'au fond il y avait quelque chose de touchant dans le débat. On visait à faire cesser la captivité de ce pauvre vieux conspirateur, qui avait vécu de si longues années en prison. Je n'ai gardé aucune mémoire des blessures nombreuses et douloureuses que je reçus alors, sauf de l'accusation, aussi fausse qu'absurde, que j'aurais refusé pendant le siège de publier à l'*Officiel* un article sur les *Châtiments*. Victor Hugo me portait une amitié qui m'était très douce et dont j'étais très fier. Il me la retira sur cette sotte histoire. Cela, je ne l'oubliai pas facilement. Je ne m'en suis jamais plaint; et si j'en parle actuellement, comme de tout le reste, c'est pour marquer avec exactitude les circonstances dans lesquelles Ferry m'envoya la carte que j'ai voulu reproduire. Il était ministre; tous ses collègues, et pour cause, affectaient la plus parfaite indifférence à mon endroit. Le *Temps*, dont j'étais encore la veille le collaborateur, ne prononça pas même mon nom. Au milieu de l'universelle animosité qui m'accablait, Ferry m'écrivit : *A vous plus que jamais!*

*\*\**

Restent à expliquer les trois pièces relatives à une mission en Roumanie dont je fus chargé en 1884 par Jules Ferry agissant en tant que ministre des affaires étrangères. Ce sera un peu long, pour ce que ça vaut au point de vue de l'agrément de lecture : mais l'intérêt s'y trouve dans un autre sens. Je passerai d'ailleurs très vite sur le fond de l'affaire. Les documents ont été recueillis dans un « livre jaune » très étendu. Je vise à le compléter, c'est l'effort principal de cette note. En vue d'utiliser mes très anciennes et très amicales relations avec Constantin Rosetti, président du Sénat, et Jean Bratiano, président du Conseil du royaume de Roumanie, — relations qui venaient de se renouveler à la suite de ma nomination comme ministre plénipotentiaire délégué près la Commission européenne du Danube, — nous eûmes l'idée que je pourrais préparer, par des conversations officieuses et confidentielles, un arrangement commercial. La France jouissait, en fait, depuis dix ans, en Roumanie, du traitement de la nation la plus favorisée. Il fallait rendre stable et définitif cet état de choses. Mais je voulus faire grand. Au lieu d'une convention isolée, dont le succès ne me paraissait pas douteux, j'entrepris de rédiger et de faire accepter cinq traités réglant simultanément : *a)* le commerce et la navigation ; *b)* les arrangements consulaires ; *c)* le mode d'extradition ; *d)* la propriété industrielle ; *e)* la propriété littéraire. Pendant que je m'acharnais à cette ambitieuse tâche, travaillant assidûment avec le ministre roumain des affaires étrangères, M. Stourza, celui-ci, plus pratique, négociait ailleurs des conventions qui allaient tout droit à transformer à notre détriment le *statu quo* favorable dont nous étions en possession. Si ma faible cervelle n'eût pas été pleine de chimères d'amitié que je prenais pour des garanties, j'aurais pu deviner ce qui se passait, rien qu'à la façon dont le ministre plénipotentiaire de Grande-Bretagne, le très intelligent et très spirituel M. White, un Polonais d'origine, me disait : « Stourza me répète qu'il est très content de vous. » Je crois bien qu'il était content ! Moyennant quelques séances académiques, il me donnait satisfaction ; et du même coup, cet homme, exceptionnellement instruit pour un Roumain et pour un fonctionnaire politique, — il avait fait ses études en Allemagne, — s'occupait de rattacher le plus étroitement possible son pays à la triple alliance. En quoi d'ailleurs il était d'accord pleinement avec Jean Bratiano, mon ex-disciple proudhonien. Celui-ci ne rêvait plus qu'alliance allemande, depuis qu'au Congrès de Berlin, pour le traité de San-Stefano, Bismarck s'était donné la peine de le séduire. Tout cela, d'ailleurs, je le confesse, était dans l'ordre des choses. S'il y avait quelqu'un à accuser, ce serait moi ; je veux dire mon inénarrable stupidité. Je ne réveille point ces questions pour récriminer ; il y faudrait mettre plus de précaution et de temps et les estimer plus importantes que je ne le fais. Simplement ces détails sont exigés pour réaliser le but annoncé plus haut : compléter le « livre jaune » de 1885. On ne sait pas ; ça pourra servir plus tard. Dans ledit livre [1], M. Stourza tire un parti fort adroit du

---

[1]. DOCUMENTS DIPLOMATIQUES. *Négociations commerciales avec la Roumanie* (1876-1885), p. 42.

fait que ma mission n'était pas officielle ; il me représente gentiment comme étant venu proposer, à titre officieux, ce que Bratiano m'avait sollicité — et instamment sollicité — de faire à titre amical. Bratiano et Rosetti me disaient : « Nous avons plusieurs fois prié qu'on vous envoyât ici comme plénipotentiaire. M. Gambetta a fait la sourde oreille. Maintenant que la situation est changée, vous n'avez aucun motif de ne pas venir. » Ils se trompaient : j'en avais un, le peu d'envie de passer l'année entière à Bucharest, au lieu de séjourner quelques semaines, deux fois par an, à Galatz, sur les bords du Danube, qui est un cours d'eau plus agréable que la Dembovitza, vraie rivale du Mançanarès ; — surtout si l'on peut aller, promptement et commodément, de Galatz à Sulina sur la mer Noire, comme c'était mon cas. Je crus avoir trouvé un biais : la seule chose qui pût avoir de l'attrait pour moi, c'était d'établir entre la France et le jeune petit royaume des relations portant sur une base solide et régulière. De là, mon idée des cinq traités qui devaient donner une preuve triomphante de mon activité diplomatique. Par malheur, de cela Jean Bratiano et M. Stourza ne prenaient aucun souci. Ils souhaitaient d'être débarrassés de l'envoyé en exercice qui, pour une cause ou pour une autre, les incommodait. Néanmoins, quand je leur appris le plan que j'avais fait accepter à Jules Ferry, ils firent contre mauvaise fortune bon cœur ; et M. Stourza s'astreignit patiemment à éplucher avec moi les traités que j'avais construits avec tant de labeur. L'affaire durait depuis sept ou huit semaines, quand me parvinrent de Paris des instructions pressantes en vue d'une convention stipulant entre les deux pays le traitement réciproque de la nation la plus favorisée. Je croyais que la chose allait de soi. L'idée que la Roumanie pourrait nous retirer cette situation, étant donnés les précédents, ne m'entrait pas dans l'esprit. Or, comme je le sus bientôt, les Roumains étaient, à ce moment même, occupés de conclure avec l'Autriche-Hongrie des traités qui équivalaient à une véritable prohibition pour les produits français. De là cette subite intervention de Jules Ferry au milieu de ma constante quiétude. Aussitôt que je parlai d'une solution provisoire immédiate, le voile se déchira. On me laissa voir la pénible réalité; pénible pour nos commerçants; plus pénible pour moi, car elle mettait à nu ma niaiserie et les inconvénients de ma vicieuse habitude de toujours vouloir faire les choses privément et familièrement. Un jour, pendant les premiers temps du siège, Gambetta m'avait pourtant mis en garde. Ennuyé de vivre à l'Hôtel de Ville, quand il était place Beauvau, j'exprimai le désir de me rapprocher de lui : « C'est bien facile, répondit-il. J'avais cru que tu me serais indispensable dans le conseil : mais il n'en est plus ainsi. Viens avec nous; choisis ton poste. » La perspective d'un poste, à côté de Laurier et de Spuller, ne me souriait pas du tout : « Je serai près de toi et je t'aiderai dans ta besogne. » — « Ça, c'est impossible. En pratique administrative, il ne suffit pas d'être quelqu'un; il faut être quelque chose. » M. Stourza n'ignorait point cette vérité, qui est l'*a b c* du métier. Aussi, voilà comme il s'y prend pour expliquer sa conduite dans une lettre à M. Ordega (p. 43 du Livre jaune) :

« Au mois de décembre 1884, M. Lavertujon, membre de la Commission du Danube, *est venu proposer à titre officieux* la conclusion d'une série de conventions, dont l'une de commerce. *Bien que cette mission ne présentât pas un caractère officiel*, le gouvernement royal a saisi avec empressement une telle occasion pour aller au devant du désir dont M. Lavertujon était l'interprète; et les négociations, poursuivies activement jusqu'au mois de février, promettaient d'aboutir à une entente sur les principaux points, lorsque tout travail a été subitement remplacé par la proposition d'un simple arrangement provisoire... »

L'habileté de cette version est incontestable. En grossissant le côté non officiel de ma mission, et en la faisant porter exclusivement sur la série des traités imaginés par moi, l'auteur de la lettre, sans avoir l'air de cesser d'être exact, met hors de question les paroles qui m'avaient été dites; les promesses qui m'avaient été faites; la formule vingt fois répétée : « comment vous refuserions-nous ce qui est à vous depuis dix ans; » et les effusions d'amour pour la France et d'amitié pour moi, dont la fréquence rendait ridi-

cule l'idée d'une rupture. Bien entendu, ceci se rapporte
à Bratiano et non à M. Stourza. Il n'y eut jamais d'effusions
entre lui et moi. Il pouvait donc, comme il le fait dans le
passage cité, mettre tranquillement tout cela à l'écart. Les
traités austro-hongrois dont nous avions à nous plaindre,
rien n'avait été fait pour les prévenir. Il n'y avait eu que
des entretiens de complaisance, n'entraînant aucune conséquence effective. En sorte que les marchandises françaises
allaient être et devaient rester exclues du marché roumain.
Naturellement, nous rendîmes coup pour coup, moyennant
une loi qui permettait de frapper les produits de Roumanie
de droits pouvant s'élever jusqu'à 50 %. de leur valeur. Tels
étaient les beaux résultats auxquels aboutissait le grand
effort de ma carrière diplomatique. Je n'ai jamais, depuis
lors, consenti à recommencer.

Mais ce n'est pas pour cet humble et peut-être humiliant
aveu que j'écris. Qui cela pourrait-il intéresser de savoir que
j'ai été berné ? Ce qu'il est utile d'apprendre, c'est la tournure exacte que, très délibérément, Jules Ferry et moi-même
nous avions donnée à notre plan de négociation. Un tel
éclaircissement montrera mon échec bien plus significatif
aux yeux de qui aurait besoin, un jour, d'apprécier les véritables sentiments de la Roumanie à l'égard de la France.
Quand on lit la lettre photographiée page 203 on remarque
que le ministre — il avait le goût des missions de ce genre;
il en tira un excellent parti — prend soin tout d'abord de
constater que, si j'agis officieusement et confidentiellement,
c'est parce que je l'ai souhaité et qu'on le sait en Roumanie.
Il n'a garde de faire allusion à mes projets quasi personnels
de traités multiples. Je dois, me dit-il précisément, préparer
les bases d'un accord qui a cette importance d'être propre
à mesurer des choses que l'on peut considérer comme une
partie de notre patrimoine national, à savoir : « notre
crédit, notre influence morale et intellectuelle dans un noble
pays de race et de confraternité latines. » La part ainsi faite
à l'amitié, et largement faite, — il n'eût pas été facile de
l'accentuer autant dans un document officiel, — le ministre
va plus loin. Soulignant le déplacement du plénipotentiaire
auquel je n'ai pas voulu succéder, comme une « marque de

bon vouloir amical pour la Roumanie », il ajoute que, grâce à cette marque sans doute, « la glace se fondra enfin. » Après un pareil témoignage, il ne serait pas admissible « qu'on restât sur la réserve ». Cela non plus ne pouvait guère être articulé qu'indirectement et confidentiellement. Pour parler ainsi, il faut être un ami s'expliquant librement avec un ami. Ferry disait en terminant : « D'ailleurs vous le verriez bientôt et vous m'en aviseriez. » Je n'eus aucun avis de ce genre à donner, car on ne me laissa rien voir ; et comme un sot que j'étais, je me laissai aveugler par les embrassades et les salamalecs. Mais enfin la mission réelle que j'avais reçue et que M. Stourza semble avoir totalement ignorée, avais-je donc oublié de la remplir ?

Avant que la lettre confidentielle fût mise sous enveloppe et scellée du seing personnel du ministre, j'en avais pris une copie. Le lecteur se rend bien compte que ce document, aussi aimable et flatteur dans son début, que ferme et net dans sa conclusion, ne saurait être confondu avec un billet de complaisance. Il indiquait clairement qu'on avait eu vent des projets de rupture ; il marquait aussi très énergiquement qu'on ne s'y laisserait pas tromper et qu'on les prendrait, le cas échéant, pour ce qu'ils seraient. La mise en demeure ne s'enveloppait d'aucune obscurité. Je décachetai cette missive devant Bratiano ; j'en fis lecture à haute voix ; je lui offris de remettre la copie que je tenais en main à M. Stourza. Bratiano la prit en souriant et en disant que cela le regardait. « Même dans vos actes les plus intimes, il faut toujours que vous soyez la Grande Nation, » ajouta-t-il. Je ne sais quel usage il fit de ma lettre ; s'il l'a communiquée ou confisquée. Je n'apprécie pas la comédie qui fut ensuite jouée à mes dépens pendant sept semaines. Je ne crois pas que Constantin Rosetti en fût très fier, car après m'avoir accablé de prévenances, je ne le voyais plus. Si j'eusse été Bratiano, et lui moi, aux termes où nous en étions, je lui aurais dit, après communication de ma missive : « Mon ami, il est inutile que vous perdiez le temps ici : notre siège est fait. » Mais je ne suis pas moldo-valaque. Quant à M. Stourza, j'aime à supposer, encore une fois, que Bratiano avait omis de lui montrer la copie que je lui destinais ; sans quoi, il n'aurait certainement pas tant insisté sur le caractère purement amical d'un document au fond infiniment plus significatif que n'eût pu l'être une pièce de chancellerie. Surtout si l'on songe que Jules Ferry avait alors acquis devant l'Europe une consistance diplomatique qu'aucun de ses prédécesseurs et aucun de ses successeurs au quai d'Orsay n'a approchée — à l'exception, dieu merci, de M. Delcassé. C'est pourquoi chacun comprendra le soin minutieux avec lequel on a reproduit, non seulement dans son texte, mais dans son enveloppe, une lettre qui, je le répète, complétera le « Livre jaune » de 1885 ; et dont ainsi l'authenticité restera hors de doute, s'il arrive qu'on ait besoin de la consulter.

*
* *

Dans les reproductions, l'*avis* publié à l'*Officiel* par le président de la Commission des Barricades, et le billet de Gustave Flourens à ce même président, le jour du 31 octobre, ne sont que de pures curiosités. Comment le billet de Flourens a-t-il passé par nos mains et est-il resté dans mon fatras, c'est ce que je ne saurais dire. Mais la note relative aux barricades mérite d'être signalée comme un indice des idées que nous nous faisions tous, à un certain moment, de ce qui adviendrait du siège de Paris. J'ai dit plus haut qu'au début on considéra l'investissement d'une ville, ayant le périmètre de Paris, comme funambulesque ; et aussi la possibilité de faire supporter les règles obsidionales à une agglomération de quinze cent mille âmes. Je possède sur cette matière un paquet de découpures taillées dans les journaux anglais qui se montraient unanimes. Mais parmi le public parisien proprement dit, sans qu'on eût précisément des vues contraires aux feuilles anglaises, régnait une opinion bien marquée. C'est qu'il y avait danger à rester à Paris ; par suite, qu'il y avait poltronnerie à le quitter ; en sorte que les gens connus qui partaient, on les appelait « francs-fileurs » ; et un nombre infiniment trop grand de personnes des deux sexes qui, véritablement auraient dû s'éloigner, s'y refusèrent pour ce seul motif. Ce qui n'améliora pas nos affaires, quand se posèrent les questions relatives à l'alimentation. Une autre idée dominante consistait à tenir pour probable que Paris serait attaqué, pris d'assaut et que nous mourrions sur les marches de l'Hôtel de Ville. Gambetta, dans un de ses discours, avait dit que la population saurait s'ensevelir sous les ruines de sa capitale; et ces hypothèses mélodramatiques n'étaient pas uniquement professées par les « pékins ». Les gens du métier, les soldats, les admettaient couramment, comme le démontre l'organisation, par le général Trochu, d'une Commission des Barricades, dont la présidence revenait assez naturellement au très populaire Henri Rochefort. Ces barricades devaient former et formèrent une seconde rangée de circonvallations capables de prolonger la résistance, après que les murailles seraient tombées aux mains de l'ennemi. Cette suposition de corps à corps futurs une fois admise, les barricades lui donnèrent une forme concrète très plausible, et nul n'était mieux que Rochefort désigné pour les diriger. Non pas que je veuille dire que sa force musculaire, sa taille, ses habitudes, ses goûts l'appelassent à une semblable fonction. C'eût été plutôt le contraire; il n'avait fréquenté ni les salles d'armes ni les manèges. Quand il eut obtenu du général Trochu, qu'il adorait, la promesse d'être emmené « un jour de sortie », — on croyait « aux sorties en masse » encore à la fin de septembre, — il dut prendre des leçons d'équitation sur un vieux cheval blanc dressé au cirque et qui avait servi à Napoléon III pour faire croire au public qu'il était encore capable de monter à cheval. Mais les défenseurs probables des barricades, c'étaient les ouvriers; et c'est pour cela qu'il paraissait judicieux de leur donner pour chef un homme qu'ils aimaient passionnément. De cet amour j'eus une preuve vraiment touchante un jour que nous étions allés ensemble visiter une position militaire au Port à l'Anglais. Pour retrouver notre chemin, dans la campagne presque déserte, nous dûmes interroger un vieux bonhomme qui ramassait du bois sec. Comme il nous conduisait, il m'entendit prononcer le nom de Rochefort, me tira par la manche et me dit tout bas, en clignant de l'œil : « C'est donc lui? » Sur ma réponse affirmative, il se plaça devant mon compagnon, et presque pleurant il disait : « Comment, c'est vous, *notre* Rochefort? Et que je suis content de vous avoir vu ! » Je connaissais Rochefort longtemps avant le siège. Mais c'est alors seulement que je l'ai vu d'un peu près et il m'a laissé les plus agréables impressions. D'abord il était gentleman de tenue et de conversation. Dans un conseil chaviré et intermittent où tout le monde se fatiguait beaucoup et où le débraillement était inévitable, jamais Rochefort ne se vautrait sur les canapés pour dormir et ronfler. Il restait toujours correct. Il n'y avait que lui et moi qui portions des gants. Ensuite, il s'était conduit avec une dignité chevaleresque en suspendant la publication de sa *Marseillaise* qu'il ne pouvait assez surveiller et qui aurait compromis le gouvernement dont il faisait partie. Or, cette *Marseillaise* était son unique source de revenus, et il en résulta pour lui une grande gêne, car en quittant son journal, il n'avait pas de même quitté ses habitudes de prodigalité. Presque toutes les nuits, nous rentrions ensemble dans une voiture de l'ex-service des Tuileries. Le cocher, grand, gros et gras, qui nous conduisait, commençait à tour de rôle sa course, aujourd'hui par la rue Cadet, demain par la rue Halévy. J'avais remarqué que les jours où je descendais le dernier, le cocher avait moins d'entrain, et bientôt je sus pourquoi ! Il ne recevait de moi *que* deux francs [c'était déjà absurdement trop] et Rochefort, lui, en donnait cinq. Pour un travail de trente minutes, à un homme d'autre part logé, nourri et appointé, cinq francs ! A ces sorties nocturnes du conseil, nous étions las, brisés, ensommeillés. Mais Rochefort m'avait habitué à lui entendre tenir les propos les plus gais du monde, comme en quittant une fête. Il n'y avait pas chez lui trace de malveillance ni d'aigreur. Il voyait du reste, volontiers, les choses souvent lugubres qui se passaient, sous la forme qu'un adroit vaudevilliste pourrait leur donner afin de les utiliser dans une revue de fin d'année. Une nuit que le conseil avait décidé, sur les pressantes instances de Kératry, un bien singulier préfet de police, l'arrestation de Blanqui, Rochefort me disait : « Nous allons faire arrêter Blanqui, croyant qu'il conspire ; et il est peut-être tout simplement couché avec une bonne putain. » Cette bonne humeur, point bruyante, plutôt discrète, ne l'abandonnait jamais. J'aurais grand plaisir à continuer ces récits qui le montreraient toujours aimable, tranquille et bien équilibré, après comme avant le 31 octobre, époque où il cessa de venir au conseil de gouvernement. Son attitude fut toujours brave, cordiale, simple, correcte, plus que correcte, délicate; et c'est un émerveillement désespéré pour mes prétentions à la psychologie positive, qu'avec de semblables sentiments et des qualités telles et si bien marquées, un homme ait pu consacrer son existence entière à l'opposition, qui, évidemment, exige pour s'exercer une surexcitation perpétuelle de notre instinct de destruction et de lutte et une incessante compression de nos besoins affectifs et de nos penchants bienveillants.

---

*Jules Ferry et la sympathie.*

... *Ferry n'a pas assez d'action sur le populo...* [Lettre IV, p. 12.] — L'observation est exacte, je dois le reconnaître, quoiqu'elle se rapporte à un fait dont je n'ai jamais pu me rendre compte. Je l'ai constaté au Corps législatif et pendant le Siège; mieux encore plus tard, pendant le grand ministère de Ferry, où les journaux, les orateurs de réunion, les caricaturistes avaient réussi à faire de lui un être exceptionnellement exécré; cela juste à l'heure où il rendait à son pays des services que nul ne conteste aujourd'hui et qui lui valent des statues. Mais je ne dois parler ici que de l'impression qu'on recevait de sa personne, de son habitude de corps, de son geste, de sa voix; généralement, elle n'était pas favorable. C'est cela que je n'ai jamais pu comprendre, ayant toujours trouvé en lui le plus affable, le plus conciliant, le plus aimable, le plus sympathique des hommes; oui, sympathique; seulement cette précieuse qualité qui emplissait le fond de son être, il la manifestait extérieurement avec moins d'essor devant une foule. C'est sa différence avec Gambetta, dont la sympathie débordante entraînait tout. Essentiellement, virtuellement, ils ont possédé l'un et l'autre, l'un à l'égal de l'autre, ce don merveilleux qui nous rend capables d'aspirer avec ardeur à des améliorations dont soi-même on ne jouira jamais; de travailler à faire du bien à des êtres qu'on ne connaît pas; de goûter vivement par la pensée le bénéfice et la joie que des générations lointaines recueilleront de l'effort que vous avez fait, du sacrifice que vous avez accompli; de déployer cette noblesse d'âme qui surmonte les penchants personnels, leur substitue des volontés désintéressées et aboutit à réaliser quotidiennement la grande maxime de Comte : *Vivre pour autrui*. C'était mon intention d'exposer la doctrine de Comte sur la sympathie, si profonde, si mal connue, si difficile à bien connaître d'ailleurs; et après l'avoir exposée, d'en tenter l'application aux deux principaux fondateurs de la troisième République. Ce travail est fait, mais incomplètement fait. Je ne voudrais pas risquer de présenter, sous une forme insuffisante, des vues auxquelles j'attache une exceptionnelle importance. Je renonce donc à ce projet, comme d'ailleurs à plusieurs autres. Peut-être le ciel clément me permettra-t-il de les tous réaliser ailleurs.

———

*Est-ce que tu réponds de Kératry, toi? Je ne l'y engage point.* [Lettre XI, p. 31.] — Non, je n'en avais aucune envie alors; et, plus tard, cette disposition ne s'est nullement développée. Je le connaissais un peu, de la tribune des journalistes à la Chambre, où il venait, chose bizarre, comme rédacteur en chef de la *Revue germanique*. J'étais porté à le regarder de travers, ayant appris de lui qu'il arrivait du Mexique, où il avait rempli, avec son titre de lieutenant ou de sous-lieutenant, le poste de chef de contre-guerillas. Or, mes relations amicales avec des Mexicains, nées de la sympathie profonde et très active que je portais à leur patrie, m'avaient fourni d'abominables détails sur les agissements des contre-guerillas. Un peu plus tard, Kératry se signala par son penchant à remuer, — il faudrait ici un mot anglais que nous n'avons pas : *fickleness*, — dans les sens les plus opposés. Il faisait partie de cette Commission trop fameuse du Corps législatif qui avait été chargée de recevoir communication secrète des pièces qui justifiaient, disait M. Emile Ollivier, la déclaration de guerre; à qui on ne communiqua rien; et qui ne s'en porta pas moins garante de la sincérité de M. de Grammont. Un vote s'ensuivit qui décida la guerre, et Kératry, complice de la Commission, vota avec la majorité. Quelques jours plus tard, le vent tourne; Kératry, en contradiction avec les députés de la gauche, demande l'abdication immédiate de l'impératrice, faute de quoi, il propose qu'on prenne les armes. Son langage a, depuis, servi aux polémistes impériaux pour établir que les députés républicains conspiraient. Les événements du 4 septembre font de lui un préfet de police, sur cette seule donnée qu'il était militaire et qu'il devait avoir de l'énergie. Gambetta, en créant la Commission des papiers des Tuileries, en confia la présidence au préfet de police. Que fait Kératry? Dès la première séance, il entre en dispute avec tous les membres, ses collègues, et se retire en donnant sa démission. Je ne dis rien de sa manière d'exercer ses fonctions préfectorales, sinon que le premier emploi qu'il en fit consista à proposer la suppression de la préfecture de police. En attendant, il réclamait tous les jours des arrestations, surtout celles de Blanqui et de Flourens. On les lui accorde; sur quoi, notre homme, au lieu de se mettre à l'œuvre, va trouver le général de la Garde nationale, Tamisier, et lui demande de faire des bureaux de son État-Major une souricière où l'on saisira les conspirateurs. Tamisier, qui avait beau être sorti de l'armée, — pour ne pas obéir aux hommes du 2 décembre, — n'en avait pas moins la fierté de sa profession. Il se plaignit vivement au général Trochu, qui, indigné lui aussi comme militaire, infligea, en plein conseil, à ce singulier préfet une correction appliquée de main de maître. De ma vie je n'assistai à pareille exécution. Sur quoi, Kératry, recourant à son procédé favori, donne sa démission. Jules Favre, toujours prodigieux dans le choix de ses agents « diplomatiques », le charge d'aller en Espagne, pour en ramener une armée de cinquante mille hommes. Kératry, lui, ne croyait guère à ces « hommes », car il me fit la confidence que sa famille avait des intérêts dans un certain chemin de fer de Cuenca, et qu'il était charmé de pouvoir les surveiller. Mais Gambetta [comment cela put-il se faire?] l'arrêta à mi-chemin de la péninsule, pour lui confier l'organisation d'un corps d'armée en Bretagne. Kératry était Breton et portait un nom ancien et très respecté. Le corps se forme en effet; puis quand l'entreprise est debout et capable de marcher, Kératry, pris de sa lubie familière, donne sa démission. Que vous dirai-je de plus? Rien n'égale l'aplomb de Kératry, jugeant les uns et les autres devant la Commission d'enquête de l'Assemblée nationale; et, surtout, mettant à nu l'incapacité du général Trochu. Je ne l'ai rencontré, ou plutôt, je n'ai rencontré son nom que tout récemment dans une discussion où j'ai été un peu mêlé, relativement aux « procès-verbaux » de Dréo. Le journal qui s'occupait de cette affaire reçut alors et inséra coup sur coup plusieurs lettres qui portaient la signature que voici : Kératry, MEMBRE du Gouvernement de la Défense nationale. Après cela, il faut tirer l'échelle.

---

*Je t'envoie mon ultimatum. Je ne suis pas sans inquiétude sur la pierre de scandale qu'il va jeter...* [Lettre XV, p. 42.] — Cet ultimatum se composait d'un assez grand nombre de feuillets. Il avait dû coûter des peines terribles à Gambetta, dont les lettres, comme vous pourrez voir, sont coulantes et agréables, mais qui passait par des douleurs de gestation et de parturition très violentes aussitôt qu'il avait l'idée d'écrire pour le public. Aussi appliquait-il à ce genre de travail un mot peu gracieux, mais énergique : pondre. Cela d'ailleurs lui causait fort peu de regret. A propos du seul article de journal qu'il ait jamais écrit, je crois, — il parut dans la *Revue hebdomadaire*, fondée en même temps que la *Tribune*, et avait pour titre *Le général Grant*; vous reconnaîtrez les préférences militaires de Gambetta, — il me demanda ce que j'en pensais. Moi, avec un oubli de toute précaution affectueuse : « Tu as besoin d'un peu te dégrossir par l'exercice, lui dis-je, mais tu arriveras. » Il me répondit avec son pouffement de mépris : « J'ai autre chose à faire que des articles journal. » En quoi il avait tout à fait raison, bien que ce

L'ultimatum du mois d'octobre 1869.

ne fût pas aimable pour moi dont « les articles » composaient toute la gloire. Mais en rendant ainsi coup pour coup, comme on dit, il savait que j'étais d'accord avec lui pour penser que dix articles, vingt articles, trente articles de journal ne sont rien à côté d'un acte opportunément accompli. L'ultimatum dut nous paraître très mauvais et très inopportun à Laurier et à moi, car nous le déchirâmes. A ce propos, contemplez dans les trois dernières lettres une image fidèle de ce qu'est trop souvent la politique politiquante. Que d'émotions, d'agitations, d'hésitations, presque d'insomnies pour une circonstance dont aujourd'hui j'aurais un mal infini à dire à quoi elle correspondait.

---

*Post-scriptum final.* Alors qu'il n'était plus possible de retoucher une note sous-paginale où il est question du retour de M. Thiers de Bordeaux à Paris, après la décision prise par l'Assemblée nationale de transporter à Versailles le lieu de ses séances, l'ami qui m'a déjà communiqué plusieurs revisions de ce genre m'affirme que les détails fournis par moi, au sujet du voyage dont il s'agit sont erronés. Il justifie sa critique à l'aide de trois textes :

*a)* On lit dans le *Moniteur* (officiel) de Bordeaux, du 23 février 1871 : « M. Thiers et ses ministres, Jules Favre (affaires étrangères) et E. Picard (intérieur), sont arrivés hier lundi à Paris. »

*b)* Dans son livre : *Le Gouvernement de la Défense nationale* (t. III, p. 89), M. Jules Favre dit : « Nous quittâmes Bordeaux, M. Thiers et moi, dans la soirée du dimanche 19 février, accompagnés de quelques personnes au nombre desquelles figuraient le duc de Broglie et le baron Baude... Nous n'arrivâmes à Paris que le lundi soir 20 février. »

*c)* Le général Trochu (*Le siège de Paris*, Œuvres posthumes, t. I, p. 579) écrit : « A quelques jours de là, le chef du pouvoir exécutif venait à Paris, sans être annoncé, et voulant, dans une pensée de très bienveillante courtoisie, me

relever lui-même de ma présidence, il m'écrivait de sa main
le billet suivant :

« 21 février, une heure et demie.

» Mon cher Général,

» J'arrive de Bordeaux et vous êtes la première personne
« que je désire voir ici.....
« A. Thiers. »

La citation *a)* est manifestement erronée. Le journaliste a
recueilli un faux bruit qu'il n'a pas pu vérifier.

La citation *b)* est tout à fait fantastique. On pourrait supposer qu'elle s'explique par le souvenir brouillé de quelque voyage antérieur accompli pendant que l'Assemblée fonctionnait à Bordeaux. Mais cela même est peu probable. J'ai feuilleté autrefois l'ouvrage de Jules Favre. Les méprises de ce genre y sont fréquentes.

La citation *c)*, elle aussi, est inexacte. Mais il se pourrait que son inexactitude consistât simplement dans l'omission d'un détail. Le général Trochu se propose dans ces lignes de représenter la visite que lui fit M. Thiers, aussitôt rentré à Paris, comme indicative d'un dessein, très convenable d'ailleurs et de très bonne politique. M. Thiers avait déjà montré le désir de rattacher, aux yeux du public, son gouvernement au gouvernement de la Défense nationale, en prenant MM. Favre, Picard et Simon pour ministres. Or, une telle intention se trouvait encore mieux mise en relief par la visite faite à l'ex-président de la Défense, aussitôt après le « débotté », et il serait fort naturel que le général n'ait mentionné que cette circonstance. Dans ce cas, son récit resterait inexact, mais uniquement, comme je l'ai dit, par prétérition.

En ce qui concerne la version présentée par moi page 83, il suffira que je la complète à l'aide de détails dont la minutie écartera toute possibilité d'erreur. Le train qui ramenait M. Thiers à Paris ne contenait d'autres personnages politiques que M. Trochu et M. Jules Simon. Je ne suis pas entré dans le wagon-salon qu'ils occupaient ; nous étions Charles, fils cadet de Simon, une de ses parentes et moi dans un compartiment à part. Mais je ne puis éprouver aucun doute sur le fait que M. Thiers n'avait avec lui que les deux compagnons que j'ai dit, parce que nous déjeunâmes au Mans, et qu'à ce déjeuner n'assistaient que M. Thiers, le général Trochu, Jules Simon, Charles Simon et moi. J'avais profité avec Charles des préparatifs du déjeuner et de la beauté de la matinée pour visiter les environs de la gare, où paraissaient partout les traces de la guerre. Si bien que nous nous trouvions un peu en retard et que M. Thiers m'adressa, à ce sujet, une plaisanterie dont je ne me ressouviens pas, mais assez aimable, pour que Simon ait jugé nécessaire de la rectifier en disant : « Ne lui parlez pas comme cela, Monsieur le Président, vous lui donneriez trop de vanité. » Je remarquai alors que M. Thiers, bien qu'en face d'une tâche effrayante d'incertitude et de péril, était exceptionnellement content et gai. Pour les hommes d'action, le pouvoir a de tels attraits que sa possession leur fait oublier tout le reste, et il est d'ailleurs fort heureux qu'il en soit ainsi. Le général Trochu, philosophe plutôt porté à la tristesse, était fort bien disposé ce matin-là. Il raconta pendant le déjeuner une circonstance comique, que j'avais remarquée comme lui, le soir du 31 octobre, pendant que les commandants de la garde nationale promenaient leurs bottes poudreuses sur l'immense et, dieu merci, très solide table du conseil dans la salle Henri IV. Leur chef principal, Gustave Flourens, hésitait et balbutiait, ce qui était assez son habitude; un tambour, placé au coin droit de la salle, battait un ban de cinq notes brèves, sèches, précises; et une voix de la foule s'élevait, disant : *Florans, tu faiblis!* Le détail du tambour, qui joua son rôle de régulateur tout le temps que j'assistai à cette fête des fous, m'était resté dans la mémoire comme une preuve de l'étonnante prise que peut avoir, sur une cohue, le moindre signe de discipline officielle; c'est moi qui l'ajoutai au récit du général. Ces menues circonstances, impossibles à inventer et à rêver, ne laissent aucune place au duc de Broglie, au baron Baude, non plus qu'à Jules Favre et à Ernest Picard. A moins qu'on ne dise que M. Thiers quitta Bordeaux à trois reprises, après son élection comme chef du pouvoir exécutif. La vérité, c'est qu'au déplaisir marqué des gens de droite, il fit en ce temps-là tout ce qu'il put pour se montrer aimable vis-à-vis des membres du précédent gouvernement. De là, l'invitation au général Trochu de partager le train présidentiel; ce qui put très bien ne pas l'empêcher d'aller, encore plus ostensiblement, lui faire une visite « au débotté ».

Quant à Jules Simon, dès les premiers jours, M. Thiers en avait fait son homme à toute ressource, s'étant aperçu, qu'incomplètement doué pour diriger en chef, il avait des mérites inappréciables pour agir en sous-ordre, si la direction lui agréait. Toujours prêt à parler très bien et à dire juste ce qu'il y avait à dire; à écrire très bien et à écrire juste ce qu'il y avait à écrire. J'ai au surplus des notes sur les côtés accidentels et pittoresques de ce voyage, notamment sur les conditions extraordinaires dans lesquelles nous fîmes la traversée de la Loire. Je m'en servirai une autre fois.

Ainsi, ce travail commencé par une profession de dédain à l'égard de l'histoire anecdotique, me voilà le terminant par une narration, sans aucune importance, destinée à rectifier minutieusement d'autres narrations, elles-mêmes dépourvues d'intérêt. Ça doit tenir à ce genre de littérature qu'on appelle des *Mémoires*. Mais chacun a bien le droit de ne pas lire ces frivolités. Lorsque j'ai consenti à remuer mes anciennes ressouvenances, il ne m'est pas venu une seule minute l'ombre d'une illusion sur l'accueil qu'elles recevraient. En 1847, date de ma première arrivée à Paris, nous parlions des événements de 1830 comme de faits perdus dans la nuit des temps; dix-sept années à peine nous en séparaient.

Or, les choses dont je viens de m'occuper remontent à plus d'un quart de siècle; il est donc naturel qu'on s'ébahisse à les entendre et qu'on se dise : « Que nous veut ce revenant ? » A moins d'être réellement morts, les revenants n'ont guère la vogue. Ce n'est point l'usage de les écouter. Mais enfin, tel que je suis, à peu près mort depuis dix années, néanmoins vivant encore un peu, j'ai saisi avec joie, pour des raisons, les unes indiquées, les autres réservées, l'occasion de m'associer à un acte capital de vénération nationale et républicaine. Cela, je pense, excuse tout.

Il me plaît d'ajouter qu'en retournant à mes occupations accoutumées qui me ramèneront à vivre avec nos descendants, au milieu desquels se retrouveront nécessairement « nos meilleurs ancêtres », dans le fond réel, je ne quitterai pas la politique autant que ça en a l'air. La politique des élections, des projets de loi, des cabinets attaqués ou défendus, oui. A vrai dire, au sein de cette politique, — et c'est un aveu de faiblesse, non une prétention de supériorité, — j'ai presque toujours ressemblé à l'acteur Arnal dans un rôle fort plaisant où il répétait sans cesse : « Je voudrais bien m'en aller ! » Mais la politique immédiatement politiquante, celle des politiciens, — dont il serait bien sot de parler avec raillerie, — ne contient pourtant pas la politique entière. En réalité, ce mot embrasse dans son vaste ensemble toute affaire où se produisent des actes collectifs. Et tel est le cas du Commerce ou de la Guerre; de l'Industrie ou de l'Art; du Gouvernement ou de la Religion; conséquemment de la Science et de cette partie capitale de la Science, l'Histoire positivement conçue.

Dans ces divers modes d'activité, il faut seulement une condition : que la besogne poursuivie soit théorique soit pratique, soit simple soit abstruse, ait pour but réfléchi et permanent d'obtenir des résultats utiles « aux autres ». L'effort intellectuel — esthétique et scientifique — doit être réchauffé, guidé, maintenu par ce sentiment suprême : le point de vue social. C'est lui qui constitue vraiment la politique ou œuvre accomplie par la πόλις, par la cité, organe principal de la sociabilité humaine, à laquelle très légitimement elle donne son nom, le nom de civilisation. En 1819, Auguste Comte écrivait à son ami Valat : « Je ferais très peu de cas de mes travaux sur les sciences si je ne pensais perpétuellement à leur utilité pour l'espèce. » Eh bien, lorsque Comte s'absorbait tout entier dans les méditations d'où allait surgir sa prodigieuse hiérarchie théorique des conceptions humaines, bien qu'âgé seulement de vingt et un ans, il faisait de la politique, de la politique très bonne, puisqu'il lui donnait pour objet unique l'amélioration de la condition des hommes. Cela n'est point original, allez-vous dire, tous les hommes doués d'un grand cœur ont agi ainsi. Vous vous trompez : agi intuitivement, oui, peut-être. Mais délibérément et en suite de vues théoriques, cela ne remonte qu'aux derniers jours du xviii° siècle. Même alors ou depuis, la chose reste très rare. C'est une illusion pitoyable, quoique fort répandue encore, de croire que le point de vue théologique ou le point de vue ontologique — ça se ressemble — peuvent coexister avec le point de vue social. Les deux méthodes diffèrent *toto coelo*, par leur façon d'interpréter la destinée humaine. Mais pourquoi s'étonner de ces incohérences en un temps où les « rétrogrades », non réformés ou réformés, fils d'Augustin, fils de Luther, fils de Calvin, se mettent à la recherche du bonheur terrestre et se font socialistes; et où les « avancés », radicaux ou non radicaux, se proclament déistes et déclarent, comme Bérenger et Renan, qu'ils s'inclinent devant Dieu « sans lui demander rien ». Ils oublient : les uns que l' « ici-bas » planétaire n'est, auprès de la vie éternelle, qu'un insignifiant épisode, sauf comme épreuve morale, et que cette épreuve a moins de valeur dans le bien-être que dans la souffrance; les autres, qu'un dieu à qui on ne demande rien n'est rien, le rôle essentiel de dieu ayant toujours consisté à recevoir des prières, — c'est tout le sens du mot ad-orer — et d'y faire réponse selon qu'il le jugeait convenable. Ils n'oublient que cela. Ça n'est pas grand'chose. *Ils* doit s'entendre de nos professeurs, de nos orateurs, de nos ministres, et aussi de nos philosophes; tant ceux qui pullulent à la Sorbonne, ou au Collège de France, que ceux qui nous inondent de leurs lumières par le robinet à gaz des journaux.

12 avril 1905.

# LES PHOTOGRAVURES

OU

REPRODUCTION

DE

# QUELQUES DOCUMENTS ORIGINAUX

# I

*Lettre de Léon Gambetta à André Lavertujon, datée de Villeneuve 30 août 1869.*

[Voir le texte de cette lettre, p. 9; et les éclaircissements sur son contenu, pp. 58, 83, 107, 142.]

Villeneuve le 30 août 1869

Mon cher [ami],

Ce n'est qu'hier soir, après quinze longues journées
de pérégrinations et de fatigues à travers les provinces
Rhénanes et la Suisse allemande que j'ai enfin
trouvé une station qui me promette du repos
pour quelque temps et que j'ai pu envoyer chercher
[...] par le locataire [...]. Je pense
[...] qui doit y être [...].

Dans la [...], j'ai [...] [...]
quatre lettres et [...] à [...] je les reprends
[...] [...] [...] [...] les unes des
[...] de te [...] [...] [...] me
[...] les plus urgentes.

Je ne te parlerai pas [...] pour le quart
d'heure des projets de journal. Quelque chose
à ce sujet m'a coûté autrefois à
toutes tes idées et même à la légitime
impatience, j'aurai encore [...] à te dire
de [...] [...] ce [...]. Je préfère
causer avec toi des [...] élections que je
perds, quoique de loin, à ne pas
[...] [...] [...] [...]

m'ey mener. Le terrain, que je prépare
Arago n'est pas garni de canons et
de mitrailleuses, et il faut aller l'y déloger
au plus vite. Pour bien faire l'on ne
peut s'abstenir de sitôt. Une mer
n'serait pas utile d'aller à Lausanne
se contraire. La conférence originale
pour toi à St Denis doit être
décisive, il faut frapper un coup
d'Etat, et pour ce faire, je crois
qu'il y a une démonstration catégorique
à faire des trois points suivants

L'Etat une fois démocratiquement
organisé a un devoir strict de mettre
tous les citoyens en compétence. Réserver
les droits et les facultés c'est une des
trois ou quatre grandes obligations
sociales. Il ne faut pas par excès
de réaction contre le despotisme administratif des monarchies déchues et des
deux règnes Bonapartistes aller
jusqu'à la suppression de l'idée d'Etat,
de gouvernement social, initiateur
et protecteur

Exposer et définir les attributions de
l'État en sujet de l'éducation.

Le suffrage universel a transformé
la théorie gouvernementale surtout
au point de vue des devoirs que des
droits de l'exécutif.

En tout pays où l'éducation n'est pas
obligatoire, résultats nuls ou très médio-
crement qu'elle est devenue une
charge exigée des États et des
communes en Amérique, et des Paroisses
et des Comtés en Angleterre. Les pays
où la liberté individuelle est la plus grande
et l'ennemi de la centralisation tous, ont
en défaveur du moy où pas moins
compris qu'il n'y a d'efficacité en
matière d'éducation populaire, large, féconde
et durable, que l'obligation que implique
l'argent tout.

Ce que doit être cette éducation?
R. Absolument civile & laïque.

Ce qui doivent être les Instituteurs?
Laïques, et autour que j'espère
étrangers au célibat...

tout ce que j'indique là sont certainement déjà connus, mais j'espère en avoir jetés que des idées.

Enfin je veux avoir un argument spécialement personnel que j'ai tiré parce que toi et moi-même à afin de rendre tout affût endettés écrirais fait élite, l'immorale banqueroute de l'État envers le peuple pour l'éducation, j'ai l'intention de chercher et de dresser un tableau comparatif de l'accroissement annuel depuis 1802 jusqu'à ce jour des contributions en taxes indirectes et de consommation toutes payées par le peuple qui forment plus des 2/3 du budget et la part que l'État affecte depuis cette date à l'instruction de ces mêmes contribuables et producteurs d'impôts de tête sorte que n' en résulte quelque le peuple donne de verse à l'État, moins il reçoit, plus sa servitude devient lourde, en invincible. Quelques chiffres quand je peux trouver dans les précieux livres de statistique nous doivent donner à la préemption côté arithmétique espérais les meilleur effet sur les militaires.

Je te demande pardon de prendre ce ton de
Maître en ce ton, mais dis que je voudrais
tant un grand succès qu'il me semble que
tu pourrais cueillir quelque bon mérite d'affectation
dans tout ce verbiage.

En résumé, l'idée maîtresse de ton discours
me semble devoir être. Quelle est l'étendue
de l'obligation indiscutable des pouvoirs aux
gouvernements démocratiques en matière
d'éducation et d'Instruction ? 2° quels
sont les voies et moyens ? = L'application
est-elle préalable des taxes de consommation
de celles qui leur sont conservées, spécialement
affectées aux dépenses d'Instruction
(150 millions) publique. — 3° Comment en pourrait-
on y démocratique, cette réforme pour
être féconde et durable en ses effets
reliée à la refonte même de l'organisation
politique.

Et le Président ?
J'ai dû avoir plus d'un mauvais ami
Jules est moi grand amis, mais
tels pour toi, un très mauvais
Président Il te faut être
Henri Martin

ou Vacherot ou Michel
ou Pelletan — ou même André
Rousselle qui est vice président
après Carnot ou Jourdan
ou enfin à défaut de tous ces
un chef ouvrier, Cartigny
ou un autre, le président par
les d'une association ouvrière de
la circonscription. Tous ces
derniers présidents bien aimés, et
d'autre caractère sont les six
par toi nettement indiqué dans
l'ordre de la confiance ouvrière
du malheureux. Mais Ferry
jamais. — Il n'a pas assez
d'action sur le populo.

J'écrirai demain sans faute
à Carpentier. Il est mis au
courant de ce qui se passe
et les passera à ton fils

Simon m'a écrit au sujet de la revue; j'ai accepté sans conditions, lui faisant des objections graves sur le capital; les organisateurs et lecteurs de la rédaction étant ceux pour qui il n'y aura rien d'abracadabrant vous y trouvez sa lettre.

Il siège ainsi et faudra que Marche est au fond à le désiré il l'ambitionne, mais c'est au carrefour des chemins et il y a beaucoup de brume sur les deux ~~chemins~~ routes. Il se recueille, et il se dérobe: mais comme le soleil en vous-même courra sur quelques longs, au moins j'y compte, car il a trop d'esprit pour ne pas sentir qu'il est grand temps de devenir audacieux.

J'allais clore ma lettre, sans te dire que j'ai rencontré le jour même de mon arrivée Mr Dubochet sur le grand pont. Causerie. Invité, j'ai été forcé de refuser. Je ne pourrai montrer cap aux Crêts, avec mon docteur et Flanger. Dès nous aurons les reçus j'irai ey visiteur les jours-ci — J'ai écrit à Mad. Thiery, je t'écrirai après l'avoir vue. Je cherche toujours une installation définitive. Je suis pour le moment à l'Hôtel Byron, Villeneuve, c'er de Vaud, où tu m'adresseras ta prochaine épître. Je te remercie de toutes tes bonnes lettres. Je te souhaite le succès et je t'embrasse comme je t'aime de tout cœur. Arenbulla

P.S. — Et ξ P 9 depuis les 250 mille

## II

*Schéma d'un discours, dont Gambetta prononça des fragments dans les séances du* Corps législatif *des 23, 24 et 27 août 1870.*

[Voir les éclaircissements concernant cette pièce, p. 99.]

Hier j'avais besoin de parler = Pas de Patrie — impie — France.
Pour sentir.
                    Sens aigu de responsabilité
         Ce départ vers l'alguna sans espoir de...
         Si je ne... dans tous ces...
                    Les nouvelles vraies
                    La suspicion
         Caractère sincère des communicaires de Palikao.
         Pas de défense. Devant l'ennemi nous sommes toujours
                                    ne peut décrire =
         Position de nos armées. Bazaine.
                                          Usage
              Mahon.    Océan germanique.
                               Il faut les sauver.
                               Paris seul échappé.
              Trochu.
                        Son aventurier.
                        Caractère de ses Procédés
                        Paris vite
                                    = Plein Pouvoir ?
  Allons la voix   Concours de tous requis   Est-il suspect ?
politique & national                     Ce qu'il faut pour Vaincre  Bazaine sans
           Dualisme —                                     Pays debout.
                                                          Paris défendu
                                                          Pouvoir l'antérieur.
                    Réapparition de Rome.
                               Sur qui pèse toutes les Responsabilités.
  National                         Bref résumé des fautes.
 Dynastique
   N'acte du Défense Nationale                Bourbon & Bonaparte

                    Devoir Parlementaire
                    Sans appel à l'armée
                    Sans violence. Prendre la réalité des grands
  investiture nationale                  Ni Charles ni aurai géné...
     des 2 chambres
                         Proclamer à la fois, Sans commettre cette
                         La Patrie en danger
                         est la déchéance de tous les Bonapartes.

# III

## LE DOSSIER JULES FAVRE

*Fragment de la lettre de Jules Favre à ses collègues du Gouvernement de la Défense nationale, rendant compte de sa visite à Ferrières.*

[Cette pièce a été insérée au *Journal officiel* du 23 septembre 1870, sous le titre de « Rapport du ministre des Affaires étrangères au Gouvernement de la Défense nationale ». — Il en est question ci-dessus, à la p. x de l'*Introduction*. Voir aussi la p. 129 des *Éclaircissements*.]

à messieurs les membres du gouvernement
de la défense nationale,

mes chers collègues,

l'union étroite de tous les citoyens et particuliè-
-rement celle des membres du gouvernement est plus
que jamais une nécessité de salut public.
chacun de nos actes doit la cimenter. celui que
je viens d'accomplir, de mon chef, m'était inspiré
par ce sentiment, il aura ce résultat. j'ai eu
l'honneur de vous l'expliquer en détail. cela ne
suffit point. nous sommes un gouvernement de
publicité. si à l'heure de l'exécution le secret
est indispensable, le fait, une fois consommé, doit
être entouré de la plus grande lumière. nous ne
sommes quelque chose que par l'opinion de nos concitoyens,
il faut qu'elle nous juge à chaque heure, et pour
nous juger elle a le droit de tout connaître.

# IV

*Proclamation du Gouvernement de la Défense nationale à la population de Paris.*

[Cette proclamation est de l'écriture de Jules Favre, sauf la phrase finale, rétablie au *verso* de la main de M. Lavertujon. Le manuscrit est divisé en cinq découpures, dont les deux premières portent au *verso* le complément du texte. — Cette pièce a été insérée au *Journal officiel* du 29 novembre 1870.]

~~aux habitants de paris~~   Le gouvernement de la défense
             nationale ; à la population de paris
~~mes chers concitoyens~~
              Citoyens
L'effort que réclament notre honneur et ~~notre~~ le salut
de la france ~~est~~ est engagé.

Vous l'attendiez avec une patriotique impatience que
vos chefs militaires avaient peine à modérer. Décidés comme
vous à débusquer l'ennemi des lignes où il s'est retranché, et ×
✠ à courir au devant   ils avaient le devoir de préparer de puissants moyens d'attaque.
de nos frères des départements,
                              Ils ont réuni ; ~~ils~~ ~~aiorniri fin~~ maintenant ils
                              ~~ils~~ combattent, nos cœurs sont avec eux :
et tous, nous sommes prêts à les suivre et à ~~combattre~~ verser avec
notre sang pour la délivrance de la patrie.

à cette heure suprême où ils exposent noblement leur vie, nous leur devons le concours de notre constance et de notre vertu civique. Quelque soit la violence des émotions qui nous agitent, ayons le courage de demeurer calmes. Quiconque fomenterait le moindre trouble dans la cité trahirait la cause de *ses* défenseurs et servirait celle de l'ennemi. Sachons pénétrer de cette vérité que de même que l'armée ne peut vaincre que par la discipline, nous ne pouvons résister que par l'union et l'ordre... ils sauront *souviendront*... ne nous laissons abattre par aucune épreuve, et cherchons surtout notre force dans l'inébranlable résolution d'écarter, comme un germe de mort honteuse tout ferment de discorde civile.

C'est la foi que votre confiance impose au gouvernement et qu'elle vote [illisible] à l'accomplir avec énergie [illisible].

Vive la France ! vive la République !

Les membres du gouvernement :

Général Trochu, président du Gouvernement ;
Jules Favre, vice-président du Gouvernement ;
Emm. Arago, Jules Ferry, Garnier-Pagès,
Eug. Pelletan, Ernest Picard, Jules Simon.

Les ministres

Général Le Flô, Dorian, J. Magnin

Représentants du gouvernement André Lavertujon, F. Hérold, A. Dréo, Duvier [illisible]

## V

*Autre proclamation du Gouvernement de la Défense nationale aux habitants de Paris.*

[Cette proclamation est de l'écriture de Jules Simon. Elle a été insérée au *Journal officiel* du 19 janvier 1871.]

Le Gouvernement de la Défense nationale vient d'adresser la proclamation suivante aux habitants de Paris.

Citoyens,

L'ennemi tue nos femmes et nos enfants, il nous bombarde jour et nuit; il couvre de douleur nos hôpitaux, il menace nos monuments. Un cri : aux armes ! est sorti de toutes les poitrines.

Ceux d'entre nous qui peuvent donner leur vie sur le champ de bataille marcheront à l'ennemi ; ceux qui restent, jaloux de se montrer dignes de l'héroïsme de leurs frères, accepteront au besoin les plus durs sacrifices comme un autre moyen de se dévouer pour la patrie.

Souffrir et mourir, s'il le faut, mais vaincre.

Vive la République

Les membres du gouvernement : Jules Favre, …

Les ministres : …

Les secrétaires du gouvernement : …

# VI

*Avis du Président de la Commission des barricades.*

[Voir les éclaircissements relatifs à cette pièce, p. 139.]

# RÉPUBLIQUE FRANÇAISE.

## GOUVERNEMENT DE LA DÉFENSE NATIONALE.

### Commission des barricades

Paris, le                    1870.

**Avis**

Un certain nombre de citoyens dans le but patriotique de renforcer la défense de la Capitale ont cru devoir élever spontanément des barricades sans avoir pris la précaution de s'entendre préalablement avec la Commission spécialement chargée de ce travail par le gouvernement.

Il en résulte que les plans dûs à l'initiative privée peuvent être contrariés par ceux qui auront été arrêtés par la Commission. Ce fait s'est déjà produit dans un des secteurs où des barricades commencées près de la rue de Rempart telles qu'elles obstruent la défense des fortifications, vont être orientées.

Nous n'avons pas besoin d'insister sur le danger qui pourrait résulter de ce défaut d'entente. Tout le monde comprendra que le manque d'unité dans le système d'obstacles à opposer à l'ennemi nous ferait courir les plus grands périls.

Nous rappelons donc aux citoyens que décidés à recevoir et à accueillir toutes les communications et tous les conseils, nous ne pouvons admettre que personne puisse mettre de sa propre autorité à exécution un plan qui n'aurait pas été accepté par le gouvernement de la défense nationale.

Le Président de la Commission des barricades

Henri Rochefort

## VII

*Billet au crayon adressé le 31 octobre 1870 à Rochefort par Flourens.*

[Voir les éclaircissements relatifs à cette pièce, p. 139.]

Mon cher Rochefort

Je vous attends au café de la Garde nat.^le en face  et à 2h ½ chez vous.

G. Flourens

# VIII

*Originaux de fausses dépêches adressées par les Allemands au général Trochu, sous la signature A. Lavertujon et le Préfet de Tours.*

N° 1. — Dépêche arrivée le 9 décembre 1870, à 5 heures soir, par un des pigeons pris à Ferrières :

« Rouen, 7 9bre 1870.

» Gouv&nt; Paris.

» Rouen occupé par Prussiens qui marchent sur Cherbourg.
» Population rurale les acclame deliberez.
» Orléans repris par ces diables. Bourges et Tours menacés.
» Armée de la Loire complét&t; défaite. Résistance n'offre plus
» aucune chance de salut.

» A. Lavertujn. »

N° 2. — Dépêche arrivée le 9 décembre, à 9 heures soir, par un des pigeons pris à Ferrières :

« Réd&a; Figaro Paris.

» Tours, 8 Xbre 70.

» Quels désastres. Orléans repris. Prussiens deux lieues de Tours et Bourges. Gambetta parti Bordeaux. Rouen s'est donné. Cherbourg menacé. Armée Loire n'est plus, fuyards pillards. Popul. rurale partie connivence Prussiens. Tout le peuple en a assez. Champs dévastés. Brigandage florissant. Manque de chevaux, de bétail. Partout la faim, le deuil. Nulle espérance. Faites bien que les Parisiens sachent que Paris n'est pas la France. Peuple veut dire son mot.

» C<sup>te</sup> DE PUGET. »

[Le texte de ces documents a été publié notamment par Jules Favre dans *Le Gouvernement de la Défense nationale*, t. II, p. 173, et par le général Trochu, *OEuvres posthumes*, t. I, pp. 471-472.]

[illegible handwritten manuscript fragments]

# IX

*Lettre de Jules Ferry, relative à la candidature parisienne de M. André Laverlujon.*

[Voir les détails concernant cette pièce, p. 131.]

14 juin 69

Mon cher ami,

Aucune lettre ne m'a été plus sensible [?] que la vôtre de deux reprises, [?????] et si [???] [???????] et [????] votre [???] d'[????] et votre grand cœur pour ne pas s'en émouvoir. Le départ de la petite sera pour vous [??????]. Vous êtes un de ces [?????] [??????????] et de [?????].

Mais nous n'acceptons pas un absurd[?] [????????]. Nous prierons que l'on pense à vous dans le 8ᵐᵉ circonscription. Elle [??] très disputée [??] à présent. Mais je sais d'abord que le Siècle vous donn[??], [?] je [?????] pas [???????] que le principal influence, en cas de [????????] à vous [???] [???] acquérir. Vous [?????] de [????] que vous avez, parmi les autres, [????] d'un chaud ami. Donn[??] les nouvelles [??].

Vous allez [??????], je [?????] et Nous causerons alors [??????????] et [??] [???] en [???????] par [??????].
a vous de cœur
Jules [Ferry?]

## X

*Lettre de Jules Ferry, relative à son mariage.*

[Voir les détails concernant cette pièce, p. 118.]

Thoran 5 octobre

Mon cher ami,

Votre lettre m'a profondément touché. Elle [...]

malgré la révolution religieuse qui va se faire dans ma vie. La femme que j'ai eu l' bonheur de rencontrer et de conquérir unie à mon naturel enjoint le goût des choses sérieuses, le culte des idées, et une parfaite beauté morale à une absolue liberté d'esprit ; elle s'est développée en dehors de toute théologie et elle est apte à tout comprendre et à tout s'assimiler.

Ce que j'ai pu voir de l'opinion publique, dans les rapides mais sérieuses enquêtes que j'ai pu faire depuis 3 mois, est fort satisfaisant. Les populations désirent la République et des grands faits donnent leur avis même dans

les Vosges, les auprès de Mr. Buffet
en décourageant personne, les incidents parlementaires
disparaissent dans le grand fait constitutionnel,
et nul ne doute que tout cela
finisse bien. Je trouve cette disposition des
esprits fort important.

À vous de cœur
Jules Ferry

## XI

*Lettre de Jules Ferry, relative à une mission diplomatique confiée à M. André Lavertujon.*

[Voir les amples éclaircissements, donnés à l'occasion de cette pièce, sur la mission de M. Lavertujon en Roumanie, pp. 133 et suiv.]

Monsieur Lavertujon.

Ministre plénipotentiaire
Délégué à la Commission du Danube

Absolument confidentielle

**Présidence   Paris le 6 décembre 1884
du Conseil**

---

Mon cher ami

J'ai recueilli votre proposition, dans
les termes où vous les formulez vous-mêmes.
Vous allez à Bucharest pour préparer,
par des conversations officieuses et
confidentielles, les bases des arrangements
que nous désirons contracter avec
la Roumanie.

Vous savez quel est mon regret
[de n'avoir] à attendre de vous, dans

cette importante négociation — je dis importante, car je considère notre aide, notre influence morale et intellectuelle dans ce noble pays de race et de confraternité latines, comme une partie de notre patrimoine national. combien je regretterais, dis-je, de n'avoir à attendre de vous que cette action confidentielle et passagère. J'ai dû pourvoir à la nomination d'un Ministre d'Espagne, j'ai fait choix de Mr Ortega, Ministre à Tanger, en donnant connaissance en d'usage de choix au gouvernement Roumain.

M. Ordéga ne pourra prendre possession
du poste avant deux mois et vous
pourriez le rencontrer au passage,
ici ou ailleurs, pour le mettre
au courant de l'état des pourparlers.
Je pense que M. Bratiano verra
dans le remplacement de M. de Ring
[...] ce qu'il contient de bon
vouloir amical pour la Roumanie,
et que la glace se fondra enfin.
Je n'admettrais pas qu'après un
tel témoignage de nos intentions
on restât sur la réserve ; vous le
verriez bientôt d'ailleurs, si vous
ne m'avisiez.

   Croyez, mon cher ami, à ma
confiante et fidèle affection

                  Jules Ferry

## XII

*Une carte de visite de Jules Ferry.*

[Voir les détails concernant cette pièce, pp. 131-133.]

*Jules Ferry,*
Sénateur

avec vous plus que jamais

1, rue Bayard
Cours la Reine.

## XIII

*Lettre de Jules Simon, relative à la discussion de la loi militaire en 1868.*

[Voir des éclaircissements concernant cette pièce, pp. 61 et 121.]

instrument du césarisme. Une république qui se constitue avec une armée permanente a la ferme intention de durer six mois. Le contre-projet est une affaire d'opinion publique, et non pas de chambre. Si l'opinion publique ne m'aide pas, il est clair que j'aurai donné une fois de plus un coup d'épée dans l'eau.

Savez-vous me dire ce que devient Bersot ? Je n'ai pas son adresse. Il vient de parler de mon ouvrage dans le Débats. Puis à coup il me dit qu'il en a chargé Villetard. Ce n'est pas le choix que j'aurais fait ; mais à présent, je voudrais savoir qu'il l'en a chargé in petto, in partibus infidelium ; ou plus sérieusement, ce qui me paraît assez douteux ; car le dit Villetard fait des articles sur une brochure de mon ami Chadwick, qui parle de mon sujet, en San façon, ne mérite guère de passer avant moi. Vous m'obligerez bien, si vous avez

Je viens de lire votre article sur la loi militaire. Je trouve que vous sauvez un peu à ... Défendez votre réputation d'homme pratique ; vous avez raison ; pour moi, je ne crains pas la réputation d'utopiste. C'est mon métier de l'affronter ; mais j'ajoute qu'au fond de mon âme, je crois la mériter moins que personne. Vous dites fort bien que nous ne proposons pas de réorganiser l'armée à la veille d'une guerre ; rien n'est plus vrai, ni plus évident, puisque le projet même contient l'ajournement. Vous parlez des colonies ; mais comme nous mettons en dehors la marine et les corps spé-

Place de la Madeleine,

ciaux, nous n'aurons jamais à souffrir de notre organisation pour la conservation de nos colonies. J'avais mis dans le projet une réserve pour l'Algérie ; nous avons pensé au dernier moment avec raison je crois, que dans une loi de principes, nous devions délaisser les détails. Quant à la possibilité d'être obligés de mettre une armée en rase campagne hors du territoire, si, en vue de cette éventualité, on maintient les armées permanentes, elles deviennent un mal nécessaire et éternel, je suis persuadé que la France s'organisant pour la liberté et la démocratie, son exemple serait suivi au dehors.

C'est comme la propagande libérale de la politique du dernier siècle, et la propagande libérale de l'économie politique du 19ᵉ siècle ; et cette propagande est la seule qui puisse être définitive. Vingt ans après l'adoption de mon projet en France, il sera aussi absurde à un peuple de l'Europe d'entretenir une armée chez lui pour menacer sa propre liberté ou l'indépendance des autres peuples, qu'il le serait aujourd'hui à un bourgeois de porter une épée comme accessoire de son costume. Vous sentez bien, en vous disant que nous défendrons notre projet, non pas contre des objections, mais contre des injures ; mais vous savez aussi que nous ne dirons pas une de nos raisons : c'est qu'une armée permanente est l'

# XIV

*Lettre de Jules Simon, contenant une esquisse d'auto-biographie.*

[Voir des éclaircissements sur cette pièce, pp. 120-121.]

Mon cher ami,

Je ne puis vous donner de renseignements sur l'ordre des travaux de la chambre — nous ne savons pas où nous allons. Je pense que la première loi qui viendra est celle des cent mille hommes. M. Pruvot le rapporteur a achevé son rapport. Cette loi sera très discutée. Il y a non seulement la réduction à 80 000 hommes, mais la question de l'exonération ou du remplacement ; celle de l'exemption des frères des écoles chrétiennes, retranchée par une circulaire récente de Duruy ; celle de l'interdiction de se marier imposée aux soldats de la réserve ; enfin, Glais Bizoin compte demander ni plus ni moins la suppression de la conscription ou du droit de remplacement. Peut-être après cette loi, aurons-nous la loi sur l'instruction primaire et la loi sur la contrainte par corps. Quant à la loi communale, la commission et le conseil d'état discutent pour savoir si les présidents du tribunal doivent être inéligibles dans leur ressort ; je crois que le conseil n'admet pas. Je crois que la loi sur les sociétés ne viendra pas à temps ; pour la propriété littéraire, la commission se réunit tous les jours et n'a pas encore nommé de rapporteur. Enfin la loi sur l'amortissement sera l'objet d'un rapport spécial et discutée avec le budget —

« Vous me demandez quelques détails sur un épisode de ma jeunesse dont je vous ai un jour parlé. Ma famille s'est trouvée complètement ruinée et hors d'état de continuer les frais de mon éducation, lorsque j'avais, je crois, treize ans. J'étais alors en troisième au collège de Lorient. On parlait de me faire apprendre l'état d'horloger. Je partis à pied de Lorient, avec 6 francs dans ma poche ; et depuis ce jour-là jusqu'au jour où j'ai été nommé professeur de philosophie au lycée de Caen, je n'ai pas reçu autre chose que ces six francs. Je suis allé à Vannes, où j'ai enseigné l'orthographe et le latin pour trois francs en même jour trente sous par mois, partant à six heures pour ce dur métier, le recommençant le soir à 4 heures, en gagnant ainsi mon pain et les frais de mon éducation au collège. J'ai fait ainsi ma seconde et ma rhétorique. En philosophie, le conseil général a voté une somme, à titre de récompense, une somme de 200 fr. je crois, qui m'a servi à aller à Rennes et à payer mes frais d'examen. Le lycée de Rennes m'offrit aussi une bourse ; mais je voulus finir au collège de Vannes, où j'étais aimé – et même respecté – par toute la ville. Voilà mon histoire, car une fois entré à l'École normale, ma carrière a été toute seule, un an professeur à Caen, un an à Versailles, l'année suivante professeur à l'École normale, professeur à la Sorbonne à 24 ans ;

député à la Constituante, conseiller d'état en 49. En 1852, quand j'ai donné ma démission, je n'étais guère plus riche ~~opulent~~ que quand j'étais parti de Lorient en 1827, et je me remis à donner des leçons de latin, jusqu'au moment où le succès du Devoir m'a tiré d'affaire, sans m'enrichir comme vous savez; En voilà une lettre ! Sto domo suâ. Enfin, mon cher ami, voilà tout ce qui me revient, de ce dur passé. Savez-vous que j'étais tellement épuisé en sortant à l'école normale, qu'on a cru, pendant plusieurs années on a cru que je ne vivrais pas. Et je me demande si la tendresse dont j'entoure mes enfants vaut mieux pour eux que cette jeunesse pauvre, livrée à elle-même, pendant laquelle aucune épreuve ne m'a manqué. À vous de cœur

# TABLE DES NOMS

Abeck, 68.
Albert (le prince), 71.
Amélie (la reine), 117.
Arago (Emmanuel), III, 27, 32, 36, 48, 107-110, 118, 119, 158, 176.
Arnal, 150.
Bancel, 13, 34, 78.
Barbès, 89.
Baroche, 130, 131.
Baude (baron), 146, 148.
Baudin, 48.
Bérenger, 151.
Bersot, 215.
Bilbao, 111.
Bismarck (prince de), 70, 71, 91, 134.
Bismarck (Mme de), 71.
Blanqui (Auguste), 89, 90, 131, 132, 141, 144.
Bocage, 120.
Bonaparte. Voir: Napoléon.
Boulanger (général), 112, 115.
Bourgoing (de), 68.
Braleret, 52.
Bratiano (Jean), 112, 133-137, 138, 206.
Broglie (Albert de), 68, 146, 148.
Brunswick, 68.
Buffet, 200.
Bullier, 62.
Buloz, 17.
Busch (Dr), 3, 49, 52.
Carnot (Hippolyte), 11, 110, 118, 162.
Carnot (Sadi), 88.
Carpentier, 5, 12, 52, 162.
Carrel (Armand), 80.
Cartigny, 11, 52, 53, 162.
Cassagnac (de), 49, 131.

Cernuschi (Henri), 23, 75, 110.
Chadwick, 210.
Challemel-Lacour, 101, 102, 122.
Chaper, 81.
Charles X, 89, 96, 125.
Charras, 79.
Chevalier (Michel), IV.
Comte (Auguste), VI, 56, 84, 88, 89, 95, 98, 101, 102, 104-106, 111, 116, 123, 128, 129, 143, 150.
Comte (Mme), 101, 106.
Condorcet, 60.
Congreve (Richard), 128.
Curé, 79.
Danton, 93.
Delcassé, 139.
Delescluze, 49.
Descartes, 101.
Desmoulins (Camille), 93.
Dorian, 30, 176, 179.
Dréo (A.), 81, 82, 145, 176, 179.
Dubochet, VIII, 12, 17-20, 36, 49, 50, 164.
Duras, 79, 81.
Duret, 49.
Durier, 176, 179.
Duruy, 49, 215.
Duvergier, 34.
Faure (Félix), 88.
Favre (Jules), III, IV, 27, 49, 52, 70, 71, 87, 103, 110, 129-131, 144, 146-148, 169, 173, 176, 179, 190.
Ferry (Jules), IV, 4, 8, 12-14, 16, 24, 28, 34, 47, 50, 52, 53, 57, 58, 74, 75, 87, 107, 110-118, 131, 133, 135, 137-139, 142, 161, 162, 176, 193, 195, 197, 201, 203, 207.

TABLE DES NOMS

FIEUZAL (D'), IV, 3, 9, 56, 157.
FLEURY (cardinal), 130.
FLEURY (Claude), 130.
FLOQUET (Charles), III, 111-113, 115.
FLOURENS (Gustave), 139, 144, 148, 185, 187.
FRÉDÉRIC-CHARLES (prince), 68.
FUSTEL DE COULANGES, 123.
GAMBETTA (Léon), IV, V, VII, VIII, X, 7, 13, 47-50, 52-64, 68, 69, 72-76, 78, 80-82, 84, 86, 88, 90, 91, 98-100, 102-108, 111-113, 116, 118, 121, 124-128, 131, 132, 135, 136, 140, 142, 144, 145, 155, 165, 189, 191.
GARIBALDI, 51.
GARNIER-PAGÈS, 81, 176.
GENT, 36.
GLAIS-BIZOIN, 215.
GRAMMONT (de), 144.
GRANIER DE CASSAGNAC. Voir : CASSAGNAC.
GRÉVY (Jules), 88, 96, 132.
GUÉRIN, 4, 6, 52.
GUILLAUME II, 68, 71.
GUIZOT, 85, 98, 125.
HAUSSONVILLE (d'), 120.
HÉLIE (Faustin), 111.
HÉROLD (F.), 28, 48, 82, 176, 179.
HUGO (Victor), 133.
JAVAL, 210.
JÉRÔME-NAPOLÉON, 16, 17, 21, 51.
JOUFFROY, 128.
JOURDAN, 11, 162.
KAYLUS, 79.
KÉRATRY, 31, 33, 35, 37, 141, 143-145.
LACROIX, 17.
LAFERRIÈRE, 115.
LANFREY, 110.
LANNE, 99.
LARRIEU (Amédée), 77.
LAURIER (Clément), 15, 23, 26, 27, 28, 38, 99, 107, 136, 146.
LAVELEYE (Émile de), 17.

LAVERTUJON (André), III-V, IX, 7, 13, 78, 81, 103, 109, 110, 114, 120, 136, 155, 173, 176, 179, 189, 191, 193, 201, 203.
LEBON (André), 115.
LE CHEVALIER, 14.
LEDOYEN, 99.
LEDRU ROLLIN, 81, 99.
LE FLÔ (général), 176, 179.
LE ROYER, 115.
LISSAGARAY, 49.
LITTRÉ, 23, 100-107, 116-117.
LOUBET (Émile), 88, 96.
LOUIS XV, 129.
LOUIS XVI, 68, 93.
LOUIS XVIII, 89, 96.
LOUIS-PHILIPPE, 85, 89, 96, 98, 117, 125.
MAC MAHON (de), 88, 122, 132.
MAGNIN, 13, 30, 99, 176, 179.
MARRAST (Armand), 79.
MARTIN (Henri), IV, 11, 161.
MARTIN DE TOURS, VI, 56, 116.
MASSABIÉ (M<sup>lle</sup>), VIII.
MASSICAULT, 121, 132.
MICHELET, IV, 11, 162.
MIGNET, 120.
MONNIER (Henri), 98.
MONTAGUT, 6, 21, 69, 79-83, 99.
MORNY (de), 130.
NAPOLÉON I<sup>er</sup>, 86, 89, 96, 98.
NAPOLÉON III, X, 21, 63, 80, 89, 95, 96, 140.
NAPOLÉON (Jérôme). Voir : JÉRÔME.
NEFFTZER, 4, 58.
NIEBUHR, 94.
OLLIVIER (Émile), 63, 143.
ORDEGA, 136, 205, 206.
ORSINI, 110.
PALIKAO (de), 91.
PELLETAN (Eugène), 11, 13, 30, 78, 162, 176.
PERIER (Casimir), 88.
PÉRIN (Georges), 14.
PESSART, 29.
PICARD (Ernest), IV, 146-148, 176.

PICHAT (Laurent), 110.
PIETRI, 48, 80, 132.
PORTALIS, 14.
POUJARDIEU, 4, 23.
PRÉVOST-PARADOL, 80, 81.
PROUDHON, 80, 112.
PROUST, 8.
PRUVOT, 215.
RASPAIL, 82.
RATTAZZI (Urbain), 50-52.
REINACH (Joseph), 99, 107.
RÉMUSAT (de), 119.
RENAN (Ernest), IV, 117, 122, 151.
RING (de), 208.
RISSLER (Eugénie), 118.
ROBESPIERRE, 93.
ROCHEFORT (Henri), 140, 141, 184, 185.
ROSETTI (Constantin), 133, 135, 138.
ROUSSELLE (André), 11, 162.
SAINT-MARC-GIRARDIN, 120, 123.
SAINTE-BEUVE, IV, 23.
SCHEURER-KESTNER, 115.
SCHNEIDER, 13
SCHOELCHER (Victor), 81.
SÉNARD, 52.
SIMON (Charles), 83, 148.
SIMON (Jules), III, IV, 12, 17, 27, 28, 30, 36, 47, 75-77, 83, 107, 109, 118-123, 147-149, 163, 176, 177, 213-217.
SIMON (Mme Jules), 48, 53.
SMITH (Adam), 102.
SOLMS (princesse de), 50.
SPULLER, VIII, 30, 126, 127, 130.
STOURZA, 134-136, 138.
SULPICE SÉVÈRE, 116.
TAINE, 94, 117.
TAMISIER, 80, 144.
THIERS, 70, 71, 81, 83, 88, 125, 146-149.
THOMAS (Charles), 79, 81.
TOCQUEVILLE, IV.
TRARIEUX, 115.
TROCHU (général), 69, 76, 83, 87, 99, 100, 140, 144-149, 167, 176, 179, 189.
TROPMANN, 108.
ULBACH, 110.
VACHEROT, 11, 162.
VALAT, 150.
VALLÈS, 36.
VÉRON (Pierre), 26.
VICTOR-EMMANUEL, 50, 51.
VILLETARD, 210.
VOGÜÉ (de), 119.
WHITE, 134.
WORMS (Jules), 114.

# TABLE DES MATIÈRES

I. — Introduction. Les éditeurs au lecteur. . . . . . . . . . . . . 11

II. — Les quinze lettres (Léon Gambetta à André Lavertujon). . 3
    Lettre de Ficuzal à André Lavertujon. . . . . . . . . . . 7
    Lettre de Jules Simon à Gambetta . . . . . . . . . . . . 13

III. — Éclaircissements et documents sur les quinze lettres. . . 45
    Exposé sommaire des faits immédiatement antérieurs aux quinze lettres. . . . . . . . . . . . . . . . . . . . . 47
    La santé de Gambetta. . . . . . . . . . . . . . . . . . 54
    Jules Ferry, le *Temps* et l'Empire libéral . . . . . . . 57
    Deux plans de conférence . . . . . . . . . . . . . . . . 58
    Le problème national français . . . . . . . . . . . . . 65
    Le capital moral . . . . . . . . . . . . . . . . . . . . 66
    L'incident judiciaire de Bordeaux . . . . . . . . . . . 77
    Sur Montagut. . . . . . . . . . . . . . . . . . . . . . 79
    Gambetta et l'ordre républicain. . . . . . . . . . . . . 84
    Le schéma . . . . . . . . . . . . . . . . . . . . . . . 99
    Gambetta et le positivisme. . . . . . . . . . . . . . . 100
    Les trois noms à réserves. . . . . . . . . . . . . . . 107
        1. Emmanuel Arago . . . . . . . . . . . . . . . . . 108
        2. Jules Ferry . . . . . . . . . . . . . . . 110 et 113
            Charles Floquet . . . . . . . . . . . . . . . 111
        3. Jules Simon . . . . . . . . . . . . . . . . . . . 118
    Gambetta et le suffrage universel. . . . . . . . . . . 123
    Le mamamouchat. . . . . . . . . . . . . . . . . . . . . 128
    Les photogravures expliquées : le « Dossier Jules Favre »; — Henri Rochefort et la commission des barricades; — Sur une mission en Roumanie. . . . . . . . . . . . . 129
    Jules Ferry et la sympathie . . . . . . . . . . . . . . 142
    Sur Kératry . . . . . . . . . . . . . . . . . . . . . . 143
    L'ultimatum du mois d'octobre 1869 . . . . . . . . . . 145
    Post-scriptum final . . . . . . . . . . . . . . . . . . 146

IV. — Les photogravures ou reproduction de quelques documents originaux . . . . . . . . . . . . . . . . . . . . 153
    1. Lettre de Léon Gambetta à André Lavertujon (30 août 1869). . . . . . . . . . . . . . . . . . . 155

| | TABLE DES MATIÈRES | |
|---|---|---|
| 2. | Schéma d'un discours de Gambetta (1870) . . . . . . | 165 |
| 3. | Lettre de Jules Favre à ses collègues du Gouvernement de la Défense nationale (septembre 1870). (Fragment.) | 169 |
| 4. | Proclamation du Gouvernement de la Défense nationale à la population de Paris (29 novembre 1870) . . . . | 173 |
| 5. | Proclamation du Gouvernement de la Défense nationale à la population de Paris (19 janvier 1871). . . . . . | 177 |
| 6. | Avis du président de la Commission des barricades (Henri Rochefort). . . . . . . . . . . . . . . . . | 181 |
| 7. | Billet de Gustave Flourens à Henri Rochefort. . . . . | 185 |
| 8. | Fausses dépêches adressées par les Allemands au général Trochu (décembre 1870). . . . . . . . . . | 189 |
| 9. | Lettre de Jules Ferry à André Lavertujon sur sa candidature parisienne (14 juin 1869). . . . . . . . . . | 193 |
| 10. | Lettre de Jules Ferry à André Lavertujon à l'occasion de son mariage. . . . . . . . . . . . . . . . . . | 197 |
| 11. | Lettre confidentielle de Jules Ferry à André Lavertujon sur sa mission de Roumanie en 1884. . . . . . . . | 201 |
| 12. | Une carte de visite de Jules Ferry. . . . . . . . . . | 207 |
| 13. | Lettre de Jules Simon relative à la discussion de la loi militaire en 1868. . . . . . . . . . . . . . . . . | 209 |
| 14. | Lettre de Jules Simon contenant une esquisse d'autobiographie. . . . . . . . . . . . . . . . . . . . | 213 |

TABLE DES NOMS CITÉS . . . . . . . . . . . . . . . . 219

www.ingramcontent.com/pod-product-compliance
Lightning Source LLC
Chambersburg PA
CBHW071951160426
43198CB00011B/1634